마음의 연대

마음의 연대

비정한 사회에서
우리 자신을 지키기 위하여

초판 1쇄 발행 2015년 4월 16일
초판 2쇄 발행 2015년 4월 30일

지은이 이승욱
발행인 이선애 · 채대광
발행처 도서출판 레드우드
출판신고 2014년 7월 15일 (제25100-2014-000048호)
주소 서울시 서대문구 홍제동 331 홍제현대상가 307호
전화 070-8804-1030 **팩스** 02-379-8895
이메일 redwoods88@naver.com
블로그 blog.naver.com/redwoods88

값은 뒤표지에 있습니다.
ISBN 979-11-953324-4-1 03180

《마음의 연대》 독자 북펀드에 참여해 주신 분들(가나다순)

강부원, 강영미, 강주한, 김기남, 김기태, 김성수, 김시형, 김정환, 김주현, 김중기, 김지수, 김철균, 김현철, 김혜원, 김희곤, 나준영, 노진석, 박경진, 박나윤, 박무자, 박준일, 박진순, 박혜미, 송화미, 신민영, 신정훈, 심란희, 유지영, 이나나, 이만길, 이수한, 임길승, 임창민, 장경훈, 전미혜, 정대영, 정영미, 정율이, 정진우, 조은수, 조정우, 진영진, 최경호, 최선희, 최영기, 최현영, 탁안나, 한승훈, 홍상준

비정한 사회에서
우리 자신을 지키기 위하여
마음의 연대
이승욱 지음

서문

"회사가 전쟁터라면 밖은 지옥이다." 드라마 〈미생〉의 대사다. 이 무시무시한 비유에 고개를 끄덕인 사람들이 많았으리라. 그런데 사르트르는 이렇게 말했다. "지옥, 그것은 타인들이다!"라고. 이제 우리는 사르트르를 대신해 명제를 하나 더 추가해야 할 것 같다. "그 지옥의 주인은 자본이다!" 자본은 타인을 통해 그리고 우리 자신을 통해 세상을 지옥으로 만든다. 영문도 모른 채, 경쟁의 대열에 들어섰다는 것도 모른 채, 그렇게 일상적으로 전쟁이 벌어지고 있다.

정신분석가라고 불리는 필자는 어느 날부터, 나 자신이 전쟁터의 야전병원에서 일하고 있다는 생각이 들기 시작했다. '세상'이라는 전쟁터에서 벌어지는 끝도 없는 전투에서 상하고 다친 부상자들(내담자들)이 나를 찾아오고, 그들을 치료해서 내보내지만 내담자들이 돌아가는 곳에서는 여전히 전쟁이 계속되고 있다.

필자는 마음 다친 사람들을 효과적이고 기술적으로 잘 치료하기 위해 오랜 기간, 지난한 연구와 수련 과정을 거쳤다. 수많은 교과서와 지침서를 익혔고, 많은 선배들의 다양한 임상 사례를 공부했다. 하지만 내가 고민하기 시작한 문제에 대한 답은 기존의 교과서와 임상 사례집에서는 찾을 수 없었다. 게다가 전쟁은 더 교묘해지고, 더 치열해지고 있었다.

어느 날, 나는 이런 의문이 들었다. 부상병을 빨리 잘 치료해서 전쟁터로 다시 내보내는 것이 과연 내가 해야 할 일인가? 그렇다면 이것은 정당하며 윤리적인가?

나는 이런 질문을 던져야 하는 것은 아닐까?

"이것은 누가 만든 전쟁이며 누가 이득을 얻는 전쟁일까? 만약 이것이 전쟁이라면 피아(彼我)의 구분은 가능한가? 사실 우리는 원하지도 않았는데 누군가에 의해, 어떤 이유 때문에 우리끼리 아군과 적군으로 나누고 서로 싸우고 있는 것은 아닐까?"

이 책은 이런 의문에 대해 스스로의 답을 찾는 과정을 적은 글이다. 오랫동안 나는 다친 사람을 가능한 한 빨리 치료해서 일상으로 복귀시키는 것이 정신분석가의 최선이자, 임무의 완성이라고 생각했다. 하지만 이제 여기에 책임을 하나 더하고자 한다. 이 전쟁을 중단하라는 나의 요구를 곳곳에 알리고, 동의를 구하는 일이 바로 그것이다. 그리고 전쟁을 중단시키기 위해 선한 의지들의 연대를 구하기 시작할 것이다.

야전병원의 의사가 부상병을 '잘' 치료해서 죽음이 예견된 전쟁터로 다시 내보내는 것은 임무를 다하는 것처럼 보인다. 하지만, 진정 치료사의 윤리를 다한다면 전쟁터로 내몰리는 사람들을 모두 살리기 위해 전쟁을 중단하라고 요구해야 마땅하다. 왜냐하면 그들이야말로 전쟁의 참혹함을 누구보다 더 잘 아는 사람들이기 때문이다.

이와 더불어 전쟁의 대열에 합류했다는 것도 모른 채 일상의 전쟁을 겪어 나가는 사람들에게 전쟁이 아닌 다른 삶을 살 수도 있음을, 어떻게 하면 그렇게 살 수 있을지를 궁구(窮究)한 내 고민의 과정을 공유하려 한다.

이 책의 생일은 2015년 4월 16일이며, 그 연원은 2014년 4월 16일 아침에 시작되었다. 이 책의 고향은 남해 진도 앞바다의 아우성이며 그 부모들의 몸부림이며 지금은 만날 수 없는 수백 명의 아이들이다. 그날 이후 모든 마음의 유족들은 폐허 위에 슬픔과 분노와 위로의 공동체를 세웠다.

나는 그 유족의 한 명으로서, 얼굴을 숨긴 가해자들을 향해 이 글을 썼다. 아이들을 죽인 그들, 이 세상을 지옥으로 만드는 주범들, 법과 제도의 이름으로 진실을 은폐하고 호도하고 우리를 서로 미워하게 만든 그 악마들을 생각하며 이 책을 썼다.

세월호 희생자들은 세상 곳곳에서 계속해서 여러 가지 모습으로, 이런 책을 통해서도, 다시 살아나 우리가 올바르게 살도록 지켜 줄 것이다. 우리가 서로 돕고 연대하며 살도록 격려할 것이다. 이 책을 4월 16일 아침의 그 순간에 바친다.

이승욱

차 례

1부

우리 앞에 놓인 곤궁함

불안의 시대라고 명명된 세상이다. 많은 이들이 현재로 인해, 미래로 인해, 총체적인 삶의 불안을 미열처럼 앓고 있다. 인간의 삶이 불안하지 않았던 시절이 있었겠느냐만, 우리는 지금 예전 시대와는 다른 '이 시대'의 불안을 온몸으로 겪는 중이다.

이 시대의 수탈과 획책은 더 교활하고 더 무자비하지만, 우리 자신을 지킬 수 있는 보호망은 되레 더 허술해졌고, 공동체라는 이름의 의지와 협력의 구성체는 아예 사라진 지 오래다. 공동체가 살아 있을 때도 개인이 겪어야 할 고통의 몫은 있었다. 그러나 마지막 순간까지 서로를 보듬는 '마음'이 살아 있었다. 하지만 이제는 불안도 고통도, 모든 것이 '셀프'(self)가 되어 버렸다. 분열된 관계, 고립된 개인, 치열한 생존 다툼, 생존에 대한 강박 때문에 정작 삶을 누리지는 못하는 사람들…. 1부의 글은 그런 삶에 대한 기록이다.

1장

내몰린 삶들

아버지의 실직에 이어 사업까지 실패로 돌아가자 가족의 삶은 수직으로 추락했다. 아들은 아버지 때문에 돈 한 번 제대로 써보지도 못하고 어느새 신용 불량자가 되었다. 아버지는 계약직 경비로 취직했지만 24시간 교대 근무로 장년의 몸뚱이를 간수하지 못했고, 아들은 아들대로 하루에도 두 개 이상의 아르바이트를 뛰느라 젊음을 찾아보기 어렵게 지칠 대로 지쳐 보였다. 근 한 달 만에 두 부자는 허름한 월세방에 마주 앉아 저녁을 먹었다. 서로 안부를 묻지만 희망은 느낄 수 없었다. 저녁밥을 다 먹고 나서 과일을 깎으며 아들이 아버지에게 말했다. "아버지, 꿈이 현실 같고 현실이 꿈 같아요….” 아버지도, 아들도 더 이상 할 말이 없었다.

삶의 베이스캠프를 잃은 20대

지상파의 어떤 프로그램에 나온 한 가족의 현실이다. 방송을 본 다음 날, 프로젝트 때문에 기술적인 도움을 받으려고 평소 알고 지내던 태현 씨를 만났다. 그와 점심을 같이 먹다가 마침 전날 밤에 본 프로그램에 대한 이야기가 나왔다. 20대 중반을 갓 넘긴 태현 씨도 우연히 봤다며, 아들이 말하는 그 장면에서 눈물이 왈칵 났다고 했다. “아들 표정이 마치 거울 속 제 모습 같더라고요.”

태현 씨는 경기도의 한 지방 도시에서 실업계 고등학교를 나왔다. 직장 생활을 몇 년 하다가 군대를 다녀온 후 다시 전문대학에 입학했다. 고등학교 학력은 군대에서도 차별의 대상이 되었다. 대놓고 차별하지는 않았지만, 대부분 대학 휴학 중에 입대한 동기들이 일상적으로 나누는 대화 속에는 자신이 끼어들기 어려운 주제가 많았고, 선임이나 지휘관들도 모든 사병들이 대학 재학 또는 졸업생이라는 전제하에 훈시했다. 동료 사병들과 어느 정도 친해지면 대체로 무슨 과를 다니다 왔느냐, 몇 학번이냐는 질문이 돌아왔다. 군 생활을 마칠 즈음 태현 씨의 제대

후 첫 번째 계획은 자연스럽게 대학 입학으로 정해졌다.

하지만 자신의 집안 형편으로는 4년제 대학을 꿈꾸기 어려웠다. 크지 않은 규모로 양돈업을 하셨던 부모님은 태현 씨가 제대를 얼마 남겨 두기까지는 그런대로 단란하게 살림을 꾸려 낼 수 있을 정도였다. 그러던 어느 해 규모를 조금 키워 보겠다고 대출을 받아 농장 규모를 늘렸으나 그해 겨울 발생한 구제역 파동으로 사업은 그야말로 쫄딱 망해 버렸고, 받은 보상금으로는 대출금을 갚기에도 턱없이 모자랐다. 그 사건 이후 부모님은 여기저기 날품으로 생활을 이어 가야 했다.

태현 씨는 군복무를 마치던 해, 뉴스를 통해 구제역 파동을 보면서 부모님의 몰락을 예감했고, 어머니의 울음 섞인 전화 목소리로 가족의 파산을 확인했다. 부모님은 태현 씨가 제대하면 다시 직장에 취직해 가계에 보탬이 되어 주기를 바랐다. 하지만 이미 대학에 가기로 결심한 태현 씨는 4년제 대학을 포기하는 대신 2년제 대학을 가는 것으로 부모님에 대한 미안함을 덜고, 2년이라도 더 일찍 부모님께 보탬이 되는 방법으로 마음의 타협을 했다.

대학 입학 후 편의점 아르바이트, 신문 배달, 식당 서빙, 대리운전, 카페 종업원, 주차원, 택배 회사 물품 분류, 핸드폰 매장 점원, 피자 배달 등 20대 아르바이트생이면 할 수 있을 만한 알바를 일주일에 두세 개씩 하면서 생활비와 학비를 벌었다. 그러나 대학생이라는 자격으로 누릴 수 있는 것은 아무것도 없었다. 도시 근교의 수많은 지방 대학들의 수업 퀄리티나 복리 후생은 열악하기만 했다. 대학의 낭만을 누린다는 것은 엄청난 사치였고, 그럴 만한 문화적 공간도, 자원도 없었다. 가장 기본적인 의식주를 해결할 조건도 누추하기 짝이 없었다. 유수의 4년제 대학들과 달리, 전문대학은 기숙사 시설도 없어서 학교 앞의 비싼 월세방을 얻어야 했다. 그나마 혼자는 다 감당할 수 없으니 처지가 비슷한 후배와 비용을 반으로 부담하며 함께 썼다.

후배와 한방을 썼다고 했지만 그야말로 같은 공간을 사용했을 뿐 정서, 시간, 관계 그 무엇도 공유할 여유는 없었다. 서로 알바가 비는 날이면 밀린 잠을 자기 바빴고, 그나마 틈이 나면 과제를 해야 했으며, 자투리 시간이 나면 미리 반찬이라도 만들어 두어야 했다. 둘이서 소주잔이라도 기울 수 있는 건 한 학기에 두어 번이 고작이었다. 부모님이 계신 고향 집으로는 가능하면 발걸음을 하지 않았다. 시간도 시간이지만 서로 얼굴 보는 것이 괴로웠다. 부모님의 고단한 삶을 지켜보는 것은 서로에게 고단함을 더했고, 태현 씨에게는 희망 없는 초로의 부모님의 삶을 위로할 마음의 힘도, 경제적 여유도 없었다.

그래도 대학을 마치면 괜찮아지리라 기대했다. 직장을 잡고 그나마 정기적인 월급을 받아서 생활이 조금이라도 안정되면 부모님께 조금이라도 보탤 수 있으리라, 취미 생활도 좀 할 수 있으리라 생각했다. 그러면 사람들도 만날 수 있을 테고, 재수가 좋으면 여친도 사귈 수 있지 않을까 희망했다. 하지만 학자금 대출은 졸업과 동시에 그를 빚쟁이로 만들었고, 뼈 빠지게 일만 한 덕에 학점은 형편없었다.

그림과 만화 그리기에 소질과 관심이 있었기에 이를 밑천 삼아 웹디자인 분야를 공부했고, 필수 자격증 한두 개를 어렵게 취득했지만, 그를 맞아 줄 직장은 어디에도 없었다. 스펙이라는 말은 그에게 열등감이라는 단어와 동의어였다. 일을 시작했지만 1년짜리 비정규직조차도 얻어 걸리지 않았다. 고작 몇 달짜리 프로젝트 계약직만 전전하기를 반복했다. 대학을 졸업해도 알바 몇 개를 겸업하지 않으면 생활을 유지하기 어려웠다.

대학을 다닐 때는 일주일에 서른 시간을 넘게 일하면 한 달에 60만 원을 겨우 벌었다. 어쩌다 오토바이로 배달을 하다가 사고라도 나거나 몸이 아파서 일을 못 하면 그 달에는 식비와 난방비를 줄이고 몇 정거장은 걸어 다녀야만 했다. 대학을 졸업하고는 일주일에 60시간을 넘게 일해 버는 돈이 가장 많았던 달조차도 150만 원을 넘지 못했다. 서울이라는 도시에서 살아남기 위해서는 주거와 식비만으로도 80만 원 가까이 지출해야 했다. 하지만 교통비, 학자금 대출, 이런저런 잡비를 쓰고 나면 통장 잔고는 몇 만 원을 넘기지 못했다. 저축은커녕 명절 때 부모님께 용돈도 변변히 드리지 못했다.

대학을 졸업하고도 그는 여전히 빈곤했다. 돈도, 생활도, 시간도, 마음도 모든 것이 곤궁했다. 하지만 그를 가장 외롭게 만드는 것은 바로 관계였다. 이 많은 사람들 틈에서 살아가지만 자신은 언제나 투명인간 같다는 생각이 들었다. 왜 살아야 하는지 이유를 묻고 자시고 할 틈도 없었지만, 사는 게 사는 것 같지 않다는 감각은 수시로 엄습했다. 이제 사회에 나온 지 고작 2~3년밖에 안 됐는데 이대로 20~30년을, 아니 분명히 적어도 40년 이상은 이렇게 살아야 할 텐데, 이건 사는 게 아닌 것 같았다. 그것은 어떤 논리 과정을 거친 인지적 이해가 아니라 온전히 몸으로 체감한 경험이었기에 거역하거나 생각으로 물리칠 수 있는 것이 아니었다. 돌파구가 보이지 않았다. 반지하의 눅눅함과 답답함을 견디지 못해 옥탑방으로 이사 갔다가 여름의 열기와 겨울의 냉기에 지쳐 다시 반지하 방을 그리워하는 가난의 반복만큼이나, 혼곤한 피로의 삶과 '언젠가는'이라는 희망으로 몸을 일으켜야만 하는 이 빈곤의 반복은 도무지 끝나지 않을 것 같았다.

나는 태현 씨에게 가장 힘든 것이 무엇이냐고 물었다. 그는 머뭇거리지 않고 '외로움'이라고 했다. 수많은 사람을 만나고 응대해야 했지만 누구도 제대로 만난 적이 없고, 누구와도 제대로 대화해 본 적이 없다고 했다. 이야기할 사람도, 이야기를 들어줄 사람도 없다는 것이다. 자신도 누군가의 이야기를 듣기엔 너무 지치고 힘든 상태인데 누군들 자기 이야기를 들어주고 싶겠냐고 반문했다. 가난도 무섭고, 저임금의 노동도 야속하지만, 무엇보다 그는 가난과 노동에 치여 고립되어 사는 게 가장 처절했다. 그는 사람이 필요했고, 도움을 받기도 하고 지지해 줄 수도 있는 관계가 절실했다.

태현 씨는 관계의 어두운 특질만을 너무 많이 경험해 왔다. 20대의 그가 감당하기엔 너무 가혹하다는 생각이 들었다. 좋은 관계를 통해 느낄 수 있는 좋은 특질들을 제대로 경험해 보지 못한 것 같았다.

서른이나 마흔이 되기 전에 알아야 할 것 중의 하나가 관계의 현실성이다. 관계의 현실성은 관계의 따뜻함과 냉혹함을 모두 경험했을 때만 알 수 있다. 인간은 누구나 이기적이며, 작은 이득 앞에서 표변할 수도 있는 존재라는 것. 인간의 기억은 종종 아주 편파적이어서 얻어먹은 밥 한 그릇은 다음 날이면 잊어버리지만 자기가 사준 커피 한 잔은 평생 잊지 않는다는 것. 모두 다 자신에게만 유리한 계산법을 갖고 있어서 항상 자신이 양보했고 언제나 덜 돌려받았다고 항변하는 것. 이것이 인간관계를 받치는 어두운 쪽의 한 특질이며 관계의 현실을 말해 주는 한 측면이다.

하지만 관계라는 것은 그 자체로써 연결되고자 하는 욕구가 있어서, 더 튼튼하고 깊은 관계로 발전할 가능성도 있다. 관계의 목적은 무엇보다 안전함을 확보하는 데 있다. 안전함이라는 말은 다양하게 이해될 수 있겠지만 궁극적으로는 두 가지 요건으로 채워질 수 있다고 본다. 그 하나는 '신뢰'이고, 또 하나는 '진정한 관심'이다.

하지만 태현 씨가 겪은 관계는 그저 수많은 고용 관계, 그것도 폭력적이고 일방적인 갑을 관계였을 뿐이었다. 안전함이나 신뢰, 진정한 관심 '따위'는 어디에도 끼어들 수 없었다. 휴식과 잠잘 시간도 없는 태현 씨에게 연애는 사치였고, 우정은 연애보다 더 먼 나라 이야기였다. 시퍼런 청춘을 고된 노동에 다 바치고도 곤궁한 이 청년에게 다른 삶의 전망을 보여 줄 어른들은 진정 없는가. 여전히 가난한 스물여섯 청년에게 포기하지 말고 자신의 꿈을 찾으라고 말하는 어른들만 넘쳐 나는 세상에서, 무엇보다 포기하지 말아야 할 것은 자기 자신이며, 관계이며, 함께 사는 세상을 만들어 가는 것이라고 말하기에는 뭔가 헛헛하다.

태현 씨를 비롯한 지금 한국 사회의 많은 젊은이들이 마주한 현실에 대해 심리학자인 나는 참으로 곤궁한 처지에 놓여 있다. 최소한의 생존과 심리적인 안전함을 확보하지 못한 채 절벽 같은 삶으로 내몰린 그들에게 관계의 진실성과 성장의 의미를 말한다는 것이 도대체 무슨 의미가 있을 것인가.

2장

심리학이 대답할 수 없는 질문

“〈미생〉도 환상이에요.”

대기업에서 외부 컨설팅 일을 맡아 중장기 프로젝트를 진행하는 후배가 술자리에서 한 말이다. 평소 그녀는 사실 정치의식이라고 말하기도 어려울 무당파이자 정치에 대해 특별한 의견을 갖고 있지 않던 사람이었다. 하지만 그 후배는 여성이 겪는 고용의 불합리함과 이 사회가 인간을 어디까지 망가뜨릴 수 있는지를 매우 분명하게 인식하고 있었다. 후배가 그날 전해 준 이야기는 어떤 불길한 일에 대한 경고처럼 들렸다.

후배는 외주 프로젝트를 맡은 회사에 주 3회 정도 출

근하다시피 했는데, 한 달여가 지나면서 이상한 점을 발견했다. 그 회사의 여직원 비율은 높지 않았지만 젊은 층에는 여직원들이 제법 있었다. 그런데 그들 중에서 누가 정규직이고, 누가 비정규직인지 옷차림만 봐도 파악할 수 있게 되었단다.

그 말이 조금 놀랍기도 하고, 황당하기도 해서 술자리에 동석한 일행들은 그 기준이 무엇인지 이런저런 추측을 내놓았다. 하지만 놀랍게도 결론은 '치마 길이'였다. 비정규직 여직원들은 누구라 할 것 없이 대부분 아슬아슬할 정도로 짧은 치마를 입었고, 화장도 그에 걸맞게 짙었다는 것이다. 이에 비해 정규직 여직원들은 치마 길이나 옷차림, 화장이 누가 봐도 수수하다고 했다. 비정규직 여직원들의 옷차림은 심지어 남자 직원들이 인사 담당 부서에 불편함을 호소할 정도로 민망한 경우도 있었다.

"〈미생〉이요? 그런 직장 없는 건 우리 다 알잖아요. 현실은 '섹시하게 보여서라도 정규직 되자'예요."

물론 후배가 들려준 이야기를 곧이곧대로 들을 수는 없다. 더욱이 그 후배가 전한 상황이 모든 비정규직 여성들의 모습이라고 단정할 수도 없다. 그러나 정규직과 비정규직으로 표면화된 한국 사회의 갈등과 극단적인 양극화의 징후가 그런 식으로 조금씩 나타나고 있음은 부인할 수 없을 것 같다.

은비의 좌절

또래보다 비교적 일찍 결혼을 한 친구 한 명이 한번은 동창 모임에서 내게 심리학이나 상담을 전공하면 어떤 일을 하며 전망은 어떠냐고 물었다. "네가 노후 대책 세우려고 머리를 굴리는구나"라고 농을 쳤더니, 친구는 정색을 하고 딸내미 때문에 마음이 쓰여서 전공을 바꿔 보면 어떻겠냐고 제안해 볼 작정인데, 상담사는 어떤 직업인지 알고 싶었던 거라고 했다. 동창의 딸은 지금도 비정규직만 5년째다. 딸의 의사를 물어보고, 관심이 있다면 직접 설명해 주겠노라고 말하고는 그 일을 잊고 있었는데, 다음 모임에서 그 친구가 언제 자기 딸과 점심을 한번 먹자고 했다. 결국 약속을 잡고 같이 만나게 되었다. 이야기가 좀 길어질 것 같아 친구는 일 때문에 먼저 일어서고 친구의 딸 은비와 두어 시간 이야기를 나누었다.

지방 대도시에서 태어나고 자라 대학까지 나온 은비는 공부를 제법 잘했는데 아버지의 부담을 줄여 주려고 서울의 사립대학에 지원하지 않고 지방의 국립대학에서 장학금을 받고 학교를 다녔다. 학교를 다니는 동안 열심히 학점 관리도 하고 영어, 일본어 공부도 하면서 나름대로 스펙을 쌓았다고 했다. 틈틈이 아르바이트를 해서 용돈도 벌고, 등록금도 어느 정도는 장학금으로 해결할 만큼 성적도 잘 받았다.

하지만 은비의 좌절은 입사 지원에서부터 시작되었다. 서울에 본사를 둔 대기업 어느 곳에서도 그녀를 채용하려는 곳이 없었다. 고교 동창들 중에서 서울로 대학을 간 친구들 역시 사정은 과히 다르지 않았다. 결국 은비는 서울의 한 중견 기업에서 인턴으로 일을 시작했으나 인턴 월급으로는 서울살이를 지탱해 낼 수 없었다. 부모의 도움을 받아 겨우 생활은 꾸려 나갔지만, 대학까지 멀쩡히 마치고도 부모의 도움을 받는 것이 너무 죄스러웠다.

결국 6개월 인턴 과정이 끝났지만 그녀는 계약직으로도 채용되지 못했고, 다시 다른 직장을 알아봐야 했다. 비슷한 규모의 직장에 운 좋게(?) 비정규직으로나마 일하게 되었고 그나마 월급으로 서울 생활이 가능해졌다. 하지만 1년 또는 2년 남짓한 계약 기간이 끝나면서 그녀의 고용도 다시 끝났다. 직장에서 살아남기 위해 야근, 주말 근무도 자원해서 하고, 업무를 더 잘하기 위해 온갖 자료를 찾아가며 공부도 열심히 했다. 미운털 안 박히려고 술을 못 마시는데도 끝까지 회식 자리를 지키고, 노래방에서는 온몸을 바쳐 분위기 메이커를 자청했다. 누구보다 먼저 출근해서 가장 늦게 마무리까지 하고 퇴근했지만 은비는 결국 자신은 일회용이었음을 받아들여야 했다. 몸도 마음도 지친 그녀는 결국 다시 고향으로 내려와서 직장을 다니고 있다. 역시 비정규직이다. 곧 서른이 되는데 이렇게 살아가는 것이 맞는지, 깊은 회의감이 들어서 너무나 힘들다고 했다.

3년이 넘는 서울살이는 은비에게 텅 빈 시간 같다고 했다. 서울에 있는 고교 동창 몇몇을 가끔 만난 것 외에는 회사 밖의 누구와도 만난 적이 없지만, 그렇다고 회사 내에서 누구를 만난 것 같지도 않다는 것이다. 같이 근무할 때는 제법 친절하고 상냥하던 상사며 동료들이 계약이 만료되고 더 이상 근무하지 못하게 되었다는 것을 알자, 떠날 사람에게는 일말의 감정도 나누어 주지 않았다고 했다.

인간이 어떻게 그렇게 한순간에 냉담해질 수 있는지, 은비는 도무지 이해가 되지 않았다. 그것을 그대로 받아들이면 자신도 언젠가 그런 사람이 되어 있을 것 같아서 겁이 났다. 어른이 되는 것이 그런 것이라면, 사회적으로 성공하기 위해서 그래야만 한다면, 조직이 원래 그런 것이라면, 그런 사람이 되고 싶지도 않고 그런 곳에서 계속 밥벌이를 할 자신도 없었다. 은비는 처음으로 절실하게 도대체 '관계'라는 것이 무엇인지 고민하게 되었다.

은비의 아버지는 딸이 좀 더 탄탄한 직업을 갖고 싶어서 다른 전공에 관심을 가지는 줄로 알았지만 사실 은비가 상담이나 심리학을 알아보려는 이유는 인간이란 도대체 어떤 존재이며 관계란 어떻게 맺어야 하는 건지 알고 싶어서였다. 자신이 알고 있는 학문 중에서 심리학이 그에 대한 답을 찾는 데 가장 유용할 것 같다는 생각이었다.

은비는 차마 자신의 아버지에게는 할 수 없었던 이야기를 또 다른 아버지에게 하고 있었다. 나도 내 딸의 얘기를 듣는 것과 진배없는 아픈 마음으로 은비의 혼란을 느꼈지만, 막상 해줄 수 있는 말이 별로 없어서 난감함이 더했다. 사실 심리학을 공부해도 은비의 의문이 풀리지 않을 것은 거의 분명했다. 그 아이가 경험한 회사 동료들의 행동은 그저 자본주의적 경쟁이 만든 천박함이기에 굳이 심리학의 이론을 갖다 쓰지 않더라도 설명이 가능한 일이다.

하지만 은비는 그것을 자신이 알고 있는 '관계'라는 틀로밖에는 설명할 수 없다고 생각했고, 심리학은 거기에 답을 줄 것이라 여겼다. 아마 요즘 많은 젊은 친구들이 심리학에 관심을 갖게 되는 이유도 그와 다르지 않을 것이다. 사회생활에서 겪은 개인 간의 갈등이나 문제, 그로 인한 상처나 고통은 결국 '관계'로 귀결된다. 하지만 사람들은 그 관계라는 것이 결국은 자본주의적 질서에 잠식당한 개인들이 시스템의 소모품으로 전락해 조직의 이득에 맞춰 그저 연동되는 형태가 되었다는 인식은 하지 못하는 것 같다.

자본의 질서가 강제한 사회적인 관계가 개인적인 관계를 압도하여 개인들 간의 감정이나 정서까지 밀고 들어온 심각한 불균형의 상황을 이들은 어쩌지 못하기에 그나마 자신들이 아는 한에서 관계의 새로운 정립이나 변화를 꾀하는 것 같다. 그러나 심리학자인 나 역시도 과연 심리학이 그에 대해 얼마나 답을 할 수 있을지 의문이다. 그에 답할 수 있는 것은 어쩌면 우리가 알고 있는 심리학이 아니라 전혀 다른 심리학인지도 모른다. 그리고 그것을 굳이 심리학이라고 불러야 할지도 모르겠다. 앞서 태현 씨의 현실 앞에서 느끼게 된 무력함과는 또 다른 어떤 임계점을 마주하는 느낌이었다.

3장

안전기지 없는 삶

“서른넷, 청춘은 이미 끝났다.”

공무원 시험에서 네 번째로 낙방한 뒤, 한 청년이 올린 카톡의 대문 글이다. 스스로 청춘이 끝났다고 했으니 청년이라 부르기도 민망하다. 그는 서너 해 전에, 메일로 내게 진로에 대한 고민을 상의했었다. 이런저런 사정으로 상담을 할 수는 없었지만, 그는 가끔씩 메일로 삶의 고단함을 털어놓고는 했다. 내 답신은 길지 않았지만 그는 언제나 길고 긴 메일을 보내왔다.

내용은 늘 지리멸렬했다. 이 생활을 이겨 내고 언젠가는 세상에서 활개 치고 살고 싶다, 선생님께서 제게 힘이 될 이야기를 해주면 좋겠다, 자신의 삶이 언제부터 이렇게 나락으로 떨어졌는지 모르겠지만 반드시 이겨 내고 싶다는 사연이 주를 이루었다. 시험에 세 번째로 낙방한 뒤, 그는 또 긴 메일을 보내왔다. 사람을 만나는 것에 점점 자신감이 없어지고, 고시원 밖의 세상을 떠올리면 자신이 무엇을 할 수 있을지 모르겠다는 생각이 들어 불안감이 엄습한다고 했다. 삶에 대한 모든 희망이 사라진 것 같다고 했다. 메일을 받고도 나는 답을 하지 않았다. 한참이 지나서 그는 또 메일을 보냈고, 다시 한 번 더 시작해 보겠다고 말했다. 그 메일을 받고 나는 불끈 화가 나서 그에게 쓴소리를 했다. 정말 갖고 싶은 것이 무엇이냐고, 시험에 합격하면 네 삶에 무엇이 갖추어질 것 같으냐고 물었다.

이 질문에 대한 그의 대답은 놀라웠다. "고시원에서 보낸 지난 4년 동안의 삶은 나에게 가장 안전한 시간이었고, 그 삶을 벗어나 무엇을 할 수 있을지 도무지 모르겠으며, 이것은 '포기하지 않는 도전'이라는 명분 아래 저질러지는 나의 비겁함"이라고 자백한 것이다.

나는 그가 이번 메일에서 최대한 솔직하게 자신을 바라보고 드러냈다는 생각이 들었다. 그것은 하나의 '힘'이 될 수도 있을 것 같았다. 난 그에게 "당신의 그런 솔직함

덕에 얼마간이라도 버틸 수 있을 것"이라고 했다. 그런 자신에 대한 솔직함을 동력으로 삼아 시험에 꼭 "합격해 보기를 바란다"고 전했다. 그러나 마음 한구석에서는 시험에 합격하는 것이 그가 진정으로 바라는 것은 아닐지도 모르겠다는 의구심이 강하게 들었다. 그래서 합격하라는 말 대신, 합격해 '보라'는 표현을 쓴 것이었다.

결국 그는 '진정한' 바람대로 다시 시험에 불합격했고, 스스로도 청춘의 종말을 인정했다. 그의 카톡 대문 글을 본 나는 위로도 아니고, 힐난도 아닌 문자를 보냈다.

"청춘을 겪어 본 적도 없는데 언제 청춘이 끝났나요?"

그러자 그의 답은 이랬다.

"내 청춘은 이미 고등학교 때, 오기도 전에 사라졌어요. 사실 지금껏 저는 그때 이후로 한 번도 자라지 않았던 것 같고요. 그래서 서른셋에 청춘이 끝난 게 아니라, 17살에 이미 끝난 청춘을 서른넷에 확인한 거죠."

사실 그는 고등학교 때 IMF를 겪었고, 그 환난의 전형적인 피해자이기도 했다. 이것이 지리멸렬한 편지를 계속 보내와도 내가 그를 내치지 못했던 이유다. 그의 어머니는 교사로 일하셨고, 아버지는 작은 무역업체를 운영하고 있었다. 그의 어린 시절은 비교적 유복했다. 하지만 IMF는 아버지의 사업을 집어삼켰고, 더불어 아버지도 쓰러뜨렸다. IMF 이후, 재기를 노리며 하는 일마다 실패를 거듭했던 아버지는 결국 온 가족을 신용 불량자로 만들었다. 어머니가 안간힘을 다해 교사 생활을 하면서 가족을 감당했고, 그는 어렵사리 대학을 마칠 수 있었다.

하지만 아버지는 자신감은 물론 건강도 잃고 희망도 잃어버린 인생이 되었다. 부모님의 불화는 자연스러운 일이었다. 외동으로 자란 그는 부모님의 불화와 가족의 균열을 어떤 여과나 완충장치 없이 고스란히 느끼고 받아내야 했다. 누구를 탓할 수 있는 일이 아니었는데도 모두에게 잘못이 돌아갔다. "그때 이러지만 말았어도…." "그때 내 말만 들었어도…." "그때 그 집을 팔지 말았어야 했는데…." 많은 싸움은 IMF 이전의 판단이 완전했다는 것을 인정하는 쪽으로 귀결됐다.

그랬다. 그는 과거에 묶여서 한 발짝도 앞으로 나갈 수 없었다. 어떤 판단도 확신할 수 없었다. '그때 그러지만 않았어도…'라는 수없는 부모님의 탄식과 되뇜은 어느새 그에게 각인이 된 것 같았다. 선택과 판단의 연속인 세상에서 자신의 판단과 결정을 후회하지 않을 자신이 없었다. 무엇을 하든 잘못될 것 같았고, 100퍼센트의 확실성에서 1퍼센트만 빠져도 시도할 엄두가 나지 않았다.

온갖 물건들이 분초를 다퉈 업그레이드되고 새로운

버전이 나오는 세상. 선택할 수 있는 제품들은 셀 수 없이 많지만 사실 따지고 보면 그게 그거여서 오히려 선택하기 어려운 시장. 단 한 순간의 판단으로도 삶이 달라질 수 있고, 이 빠른 세상에서 선택이나 판단의 실수를 돌이키는 것은 불가능한 '개인 무한책임' 사회. 개인의 '무한도전'은 예능에서만 가능한 세상, 그래서 개그맨들의 좌충우돌을 보면서 대리 만족하며 웃고 끝내야 하는 젊음. 그에게 세상은 위험한 지뢰밭이었다. 그러니 2.5평 고시원이 가장 안전한 공간이라는 그의 말은 충분한 설득력이 있었다.

그의 어머니도 불확실한 세상에서 불확실한 직업을 가지느니 공무원처럼 더 안전하고 안정적인 직장을 갖는 게 좋다는 믿음이 확고했다. 자신의 경험을 보더라도 60살이 넘어서까지 보장되는 공무원만큼 든든한 것은 없었다. 아들에게도 그런 직업을 갖게 해주기 위해 자신의 적금을 깨서라도 몇 년 동안 지원을 불사해 온 것이었다. 누구나 공무원을 꿈꾸는 세상이니 이는 욕할 일도 비난받을 일도, 비정상으로 매도할 것도 아니었다. 내가 아는 40대 초반의 대기업 차장은 지금까지도 어머니로부터 공무원 시험 준비를 해서 9급부터라도 시작하라는 독촉을 받는다고 했다.

그는 또 이렇게 말했다. "다쳐도 낫지 않을 것 같아요. 한 번 상처받으면 헤어나기가 너무 어려울 것 같다는 불안감이 더 커요." 세상에 나가기 위해서는 안전한 기지가 필요하다. 새로운 것을 시도하고 실패하고 때론 깊게 좌절할 수도 있다. 하지만 그런 좌절 뒤에는 돌아와 쉴 곳이 필요하다. 말없이 받아주는 아버지와 따뜻한 밥 한 그릇으로 힘을 채워 주는 그런 어머니가 필요하다. 묵묵히 쉬다 보면 어느새 눈이 뜨이고 힘을 차리게 해줄 그런 오래된 집이 필요했다.

모든 인간에게는 안전한 기지가 필요하다. 하지만 그에게는 그런 안전한 공간이 없었다. 삶의 베이스캠프를 잃어버린 젊은이들이 얼마나 많은지 나는 잘 안다. 그도 그런 수많은 IMF 세대 중 한 명이었다. 고시원에 들어온 후부터 그는 자연스럽게 관계 맺기를 거부해 왔다. '공시생'이라는 사회적 명분하에 공공연하게 골방족으로 살아가는 삶을 택했다.

그는 자신을 종종 '피해자'로 묘사하곤 했다. 자신을 피해자라고 생각하며, 자신이 반드시 보상받아야 한다는 비합리적인 태도를 가지고 있다가 이를 부적절한 대상에게 드러내 갈등을 겪는 사람들을 나는 일상적으로 만난다. 상담실에 마주하게 되는 내담자들의 문제 역시 자신을 피해자로 인정받으려는 구도에서 머물 때가 많다. 중년 내담자뿐 아니라 2, 30대에게서도 그런 이야기를 너무나 많이 듣는다.

물론 어떤 내담자들은 분명 피해의 경험이 있고, 그 상처가 아직 아물지 않아 전전긍긍한다. 하지만 어떤 시점이 되어 자신의 상처를 떠나보낼 결심을 해야 할 때가 되었음에도 여전히 자신을 피해자로 '유지'하기 위해 안간힘을 쓰는 모습을 보인다.

특히 부모와의 관계에서 착취당한 사람들이나, 부모에게 인정받고자 몸부림치며 살아온 사람들에게서 종종 그런 경향을 볼 수 있다. 심지어 저축이나 퇴직금을 부모의 생활비나 빚 막음용으로 털어 주고도 부모에게 인정받지 못해 좌절하면서 그 분노를 다른 사람에게 뒤집어 씌우는 젊은 친구들을 가끔 본다.

조금 불편하게 들릴지 모르겠지만, 나는 그런 사람들을 무지한 사람이라고 생각한다. 특정한 지식의 유무와 상관없이 '자기 자신에게' 무지한 사람이라는 뜻이다. 자신의 분노가 어디에서 비롯되었고 그것이 어떤 방식으로 부적절하게 드러나고 있는지 반성도, 성찰도 하지 못했기 때문이다. 이런 무지한 사람들과 골방족은 다른 사람처럼 보이지만, 자신을 스스로 고립시키고 그러한 태도로 인해 내적인 고립은 물론, 세상으로부터 소외된다는 측면에서는 본질적으로 같은 사람들이다. 이 글에서 호칭하는 '그'는 특정한 누군가가 아니다. 삶을 피해와 가해의 관점에서만 본다면, 관계를 더 받고 덜 주고의 계산으로만 셈한다면 결국 누구든지 고립이라는 결과만 얻을 것이다.

그들이 겪은 관계에서의 고통을 모르는 것은 아니다. 그러나 고립은 소외를 만들고 자신을 왜소하게 하는 결과를 낳는다. 슬프게도 그렇게 왜소화된 개인은 신자유주의가 만들어 낸 관계의 질서 속에 맥없이 주눅 들고 휩쓸리기 쉽다.

이들의 삶을 간단히 비유하자면, 도박장에서 돈을 잃은 사람의 심정과 유사하다. 자기 삶에서 발생한 어떤 불행한 사건으로 인해 마음의 고통을 받았지만 결국 거기에 자신을 저당 잡힌 채 그 판에서 떠나지 않으려는 것이다. 도박 중독자는 여전히 본전을 찾는다는 명분하에 도박판에서 서성거린다. 도박에서 본전을 잃었을 때, 가장 현명한 방법은 더 이상 거기에 머물지 않고 과감히 박차고 일어나는 일이다.

그러나 더 문제는 이런 삶을 양산하는 사회구조다. 자본가 무리가 볼 때 이런 젊은이들이 한 무리 만들어지면 값싸고 유동적인 예비 노동력이 생긴 것과 같다. 그래서 상황에 따라서는 사회적 불안 요소가 될 수도 있는 이런 계층을 남겨 둔다. 이들은 '몰락한 삶의 예 또는 다수의 삶을 위협할 수도 있는 아주 좋은 증거'로 활용될 수도 있기 때문이다. 언제나 자본주의 사회는 있지도 않은 예비 범법자 집단을 마련해 둔다. 불안은 그들에게 있어 아주 효과 좋은 통치 전략이기 때문이다.

4장

서른, 다르지만 같은 고민

나의 교사됨

이미 늙어 가기 시작한 옛날 제자를 만나는 일은 묘하게 긴장되는 경험이며 그들에게 '훌쩍 컸다'는 말은 적절치 못한 표현이다. 80년대 후반 중학생이었던 아이들이 이제는 초등학교 고학년 자녀를 둔 어엿한(?) 엄마, 아빠가 되어, 그들을 가르치던 그때의 나보다 더 늙은 모습으로 내 앞에 앉아 있으면 말을 높여야 할지 낮춰야 할지, 그것부터 참 난감하다.

그래도 옛 스승이 여기저기 강연도 다니고 책도 내고 하니, 어떻게 수소문해서 강연장에 찾아오거나 메일이나 전화로 연락을 하는 제자들이 있다. 하지만 그 친구들은 선생이었던 내가 그때의 나 자신을 얼마나 부끄러워했는지 짐작조차 하지 못할 것이다. 그때 나는 비굴하고 미숙했으며, 얼마나 자주 분노와 억울함에 휩쓸려 잘못된 판단을 내리고 과도하게 반응했는지, 그로 인해 얼마나 자주 갈등을 빚고 나 자신, 나아가 타인들과 반목했는지 모른다.

하지만 그때는 분노하지 않는 것이 이상한 시절이었다. 수천 명의 교사가 단지 교직원 노동조합에 가입했다는 이유만으로 너무나 쉽게 해직되던 시절이었다. 학교는 교장, 교감에 아부하고 꼴같잖은 권력에 빌붙는, 선생 같지 않은 선생들이 주도했다. 교무회의 시간에 수시로 일어나 이의를 제기하는 나 같은 사람은 그들 눈으로 보면 철딱서니 없고 치기 어린, 꼴같잖은 초짜 교사였을 터였다. 물론 내게도 미숙한 인격이 있었고, 항상 적절한 판단을 내리는 건 아니었으며, 그들의 논리에 정당하게 대응하지 못했던 적도 있었다. 그래서 종종 비난의 대상이 되기도 했다. 그럼에도 나는 싸움을 멈추지 않았다.

하지만 어느 순간부터, 비열한 권력을 중심으로 연합한 그들이 쌓아 놓은 부조리의 벽이 너무나 거대하게 느껴졌고 그것을 이겨 낼 수 없을 것 같다는 느낌이 들기 시작했다. 그들은 계속 자신들만의 작은 이익을 위해 교활한 연합을 계속할 것이고 그것은 쉽게 무너뜨릴 수 없을 것이라는 확신이 들었다. 자본주의보다, 어떤 이념보다, 또 총칼보다 더 무서운 것이 자기 앞의 작은 이득이라는 것을 나는 그때 절실히 깨달았다. 마음속 깊이 부질없다는 회의가 들기 시작했다. 교사 생활을 시작한 지 불과 몇 년 만에 나는 자신이 굉장히 약한 인간이라는 것을 받아들여야 했고, 패배가 확정된 게임을 계속하는 나 자신에 대해 깊이 회의하기 시작했다.

함께했던 전교조 동지들과 우리를 지지하고 지원해주던 노동자 동지들 덕에 그 좌절과 절망을 근근이 겪어 나갈 수 있었다. 내가 살았던 동을 포함해 인근 행정구역 단위 세 개 동에 속한 수천 가구 중에서 〈한겨레신문〉을 받아 보는 집이 단 두 집밖에 없었던 그런 도시에서 전교조는 여전히 '국가 전복'을 꾀하는 빨갱이 집단이었고, 어쩌다 대의원 회의라도 열라치면 그 지역 노동조합의 노동자들이 쇠파이프를 들고 회의장 주변을 지켜 주지 않으면 불안해서 회의도 할 수 없는 시절이었다. 그렇게 실낱같은 연대와 지원이 그나마 당시의 내 삶을 근근이 버티게 해주었다.

하지만 학교에서 삶의 전망을 찾기란 거의 불가능해

보였다. 학교는 절대로 변하지 않을 것이 분명했다. 그런 내가 아이들 앞에서 계속 선생 노릇을 한다는 것은 그야말로 내 삶에 대한 부조리였다. 교사 생활 3년을 넘기면서 스스로 감각이 무뎌져 가는 나를 느꼈다. 그렇게 서른을 몇 년 더 살면서부터는 앞으로 30년쯤 이렇게 살다 보면 폐인이 되어 있을 것이라는 확신이 들었다.

더 이상 이렇게 살 수는 없었다. 학생들에게 올바로 살면 좋겠다고 말할 수 있는, 교사로서의 마지막 기회이자 가장 올바른 행위는 내가 학교를 떠나는 것이었다. 그렇게 나는 학교를 떠났다. 그리고 다른 고통의 길로 급선회했다. 나는 한국을 떠나 지구의 변방이라 믿었던 뉴질랜드에서 고립의 경험을 선택했다.

내 삶에 있어서 실패라고 규정짓는 단 하나의 사건은 바로 '나의 교사됨'이다. 교사로 살았다는 자체가 힘들어서도, 교사를 그만둔 것을 후회해서도 아니다. 다른 무엇보다 학생들에게는 더 최선을 다했어야 했다는 것이 유일한 후회다. 학생들에게 더 유능한 교사, 더 괜찮은 어른으로 다가가지 못한 것이 가장 부끄러운 일이다. 그래서 옛 선생을 찾는 제자들과 함께 있으면 참 곤혹스럽다. 자신의 숨겨진 치부를 가장 잘 아는 사람들과 마주하고 있는 느낌이 들기 때문이다.

그럼에도 불구하고 연락이 오는 제자들을 맞이하고 어떤 부채감을 가지고 그들과 이야기를 나눌 때가 있다. 하지만 그때의 나보다 더 나이를 먹은 그들에게서 나와 비슷한 고민을 찾아보기란 쉽지 않다. 서른이 훨씬 넘어서도 여전히 진로 문제를, 심지어 노후 문제에 대한 고민을 털어놓는 옛 제자들은 나와는 정말 다른 30대를 살고 있는 것 같다.

이 시대 30대의 고립

요즘은 서른을 훌쩍 넘겨서 결혼을 해도 별로 이상할 것이 없다. 한때 나는 결혼을 늦게 하는 이유도 납득이 잘 안 되었고, 고작 아이 한두 명 키우는 것이 뭐가 그렇게 힘들고 어려운 일인지 이해가 안 될 때가 있었다.

내가 미혼일 때 선배들은 혼자 살아도 100만 원 들고, 둘이 살아도 100만 원 드니 빨리 결혼해서 둘이 같이 사는 게 훨씬 더 빨리 돈을 모으는 길이라고 조언해 주었다. 그때는 그 말이 이해가 안 되었는데 신기하게도 결혼을 하니 총각 때보다 생활비가 적게 들었고, 그만큼 저축액은 늘어났다. 이런 경험을 했던 세대로서, 나는 지금 젊은 이들이 왜 결혼을 늦추는지 이해가 되지 않았던 것이다.

그런데 어느 날 신문을 보다가 대졸자의 평균 초봉에

관한 기사를 보고 순식간에 숫자와 금액들이 머릿속에서 대비되면서 마음이 무거워졌다. 먼저 현재 대졸 직장인의 초임과 대학 등록금을 비교해 보고 내가 졸업하던 당시를 떠올려 보았다. 현재의 대학 등록금과 대졸 신입사원의 초봉은 내가 대학을 졸업하고 교사가 되어 받았던 첫 월급 액수와 비교해 보더라도 현저한 차이는 없었다. 물론 현재의 초봉 자체는 그때에 비해 더 많지만 이미 한 세대의 시간이 지난 것에 비하면 그 인상폭은 내 짐작을 훨씬 밑돌았다.

내 첫 월급은 본봉 액수의 3분의 1인 보너스를 합해서 60만 원이 조금 안 되었다(사립학교여서 공립학교보다 봉급이 조금 더 많았다). 그런데 지금은 대부분 기업의 대졸 초임은 200만 원 이하이고 교사의 초봉도 150만 원 미만인 것으로 안다.■

내가 첫 월급을 받을 때에 비해 현재의 월급 수준이 형편없이 낮다는 것은 대학 등록금과 비교해 보면 더욱

■ 글을 쓰는 2015년 2월 시점에서 다시 자료를 찾아보니 한국경영자총협회에서 발표한 2014년 대졸 초봉 평균은 100~300명 기업이 242만 9천 원이고, 1,000명 이상 기업은 306만 6천 원으로 사업장 규모에 따른 봉급 차이는 현격하다. 그렇다면 100인 이하 사업장이 절대 다수인 한국 기업에서 대졸 초임이 200만 원을 넘기는 곳은 몇 퍼센트 안 될 것이다. 통계의 차이는 있지만 고졸 사원은 대졸 사원에 비해 적어도 월 30~60만 원 이상 임금 차이가 났다.

분명히 드러난다. 내가 대학을 다니던 당시 사립대학교의 한 학기 등록금은 약 60만 원 정도였다. 즉, 교사의 한 달 봉급으로 한 학기 등록금이 가능했다는 이야기다. 그러나 지금 상황은 대졸 초임의 두 달치 월급을 모아도, 경우에 따라서는 세 달치 월급을 모아도 한 한기 등록금으로 부족하다. 사립대학 이공계 등록금 같은 경우는 납득이 되지 않는 액수다. 사립대학교의 재단 전입금이 쥐꼬리만한 수준이고 오히려 등록금으로 천문학적인 수익을 내는 것을 보면 등록금이 그렇게까지 비싸야 하나 싶고, 그것을 묵과하는 정부는 또 무슨 심보인지 이해가 안 되지만 여기서는 논외로 하겠다.

이러한 숫자들을 보면서 왜 지금 젊은이들이 결혼을 늦출 수밖에 없는지 현실적으로 충분히 이해가 되었다. 최소한 우리 세대가 대학을 졸업할 때는 졸업하면서 바로 빚쟁이가 되지는 않았다. 하지만 지금 젊은이들은 대학을 졸업하면서부터 1년치 월급을 하나도 안 쓰고 다 모아도 학자금 대출을 갚을 수 없을 정도로 빚쟁이가 되어 사회생활을 시작하게 된다. 대학 졸업하고 몇 년 뒤에 신용 불량자가 된다는 것이 하나도 이상한 일이 아닌 세상이 된 것이다. 현재의 봉급 수준이 IMF 이전 수준을 넘지 못한 것이 분명해 보인다.

30대 중반을 넘긴 제자 하나는 서른둘에 결혼을 했는데, 자신은 아버지가 다니는 회사에서 학자금을 지원해 준 덕에 대출을 받지 않고 졸업할 수 있었다고 한다. 하지만 남편은 학자금 대출이 천만 원 가까이 되어서 그것부터 갚고 결혼 자금을 마련하느라 서른이 넘을 때까지 결혼은 꿈도 꾸지 않았단다. 다행히 기업체의 정규 직원으로 근무하고 있어서 수입은 안정적이라고 했다.

결혼을 했지만 전세금도 부족해서 서울 근교 작은 오피스텔에 월세를 얻어 신접살림을 차렸다. 가전제품들이 빌트인으로 갖춰져 있어 혼수며 패물 같은 것은 최소화하면서 저축을 해두었다. 하지만 월세며 관리비로 월 60만 원이 넘게 주거비로 빠지고 나면 미래를 위해 대비할 수 있는 저축 액수는 예상 외로 적었다.

아이를 낳고 나니 상황은 더 어려워졌다. 두 집안 모두 어른들이 지방에 살고 계셔서 부모님의 육아 지원도 기대할 수 없었다. 그나마 집에서 프리랜서로 일하던 디자인 일도 임신과 육아로 몇 년 손 놓고 나니 일감도 다 떨어지고 감각도 무뎌져서 다시 일하기엔 아무래도 어려운 상황이 되었다. 양가 부모님들은 얼마 전에 다들 퇴직을 하셔서 경제적인 도움을 받는 것도 불가능했다.

그래도 결혼 생활 5년 만에 어찌해서 겨우 17평 아파트 전세로 옮겼지만 그것도 전세 대출이 절반이고 남편의 출퇴근 거리는 더 멀어졌다. 그만큼 남편은 더 힘들어졌고 육아에 참여할 시간과 기회도 더 줄어들었다. 하지만 그것보다 더 큰 문제는 부부 관계마저 멀어졌다는 것이다. 아이를 낳기 전까지는 그래도 연애하는 기분으로 알콩달콩 즐거운 시간들이 있었으나, 아이를 가지고 출산하면서 모든 것이 달라졌다.

가족 한 명이 더 늘었다고 가사일도 딱 1인분만 더 늘어나는 것은 아니었다. 체감하기에는 적어도 네 배는 늘어난 것 같았다. 책으로만 배운 육아는 책대로 되는 것이 아니었다. 아이가 젖을 토할 때, 밤잠을 안 잘 때, 난감한 일이 생길 때마다 인터넷도 뒤지고 책도 사서 읽어 가며 전쟁 치르듯 아이를 키웠다. 하지만 아무도 도와주는 이 없이 집에만 갇혀 고립된 엄마에게는 정서적인 지원과 심리적인 안정감이 절실했다. 산후우울증은 누구나 걸릴 수 있다는 생각이 들었다. 제자도 자신이 아마 우울증이었을 것이라고 웃으며 자가 진단을 했다. 오랜만에 만나 한탄에 가까운, 살아온 이야기를 하는 제자를 보며 이 친구들의 서른은 나의 서른과 너무 다르다는 것이 마음으로 이해가 되었다.

심리학에서는 한 개인의 인격이 견고하게 형성되는

시기를 20대 후반으로 보고 있다. 서른 정도가 되면 정체성에 대한 혼란보다는 사회적 인간으로 견고하게 뿌리내리기 위한 자신과의 투쟁이 시작된다. 서른을 통과하는 시기에는 정당한 다툼과 투쟁도 마다하지 않아야 하지만, 타인에 대한 비난이나 평가 혹은 책망보다 더 중요한 과제가 놓여 있다. 자신에 대한 엄중한 점검과 함께, 사회적 인간으로 성장하는 데 있어서 나는 어디에, 어떻게 위치하고 있는가를 칼바람처럼 검토해야 하는 것이다. 그런 의미에서 서른은 고행의 시간이다.

20대의 혼란을 겪고 나서 서른 초입이 되면 자기 삶의 방향에 어느 정도 윤곽이 잡힌다. 그때부터는 그 분야에서 기능과 지식과 경험을 쌓아야 한다. 그 과정은 한 분야의 마스터가 되기 위해 도제로 성장하는 과정과 유사하다.

그런데 제자가 들려준, 한국의 서른들이 겪는 현재의 삶은 내가 기대하는 '자연스러운', '바람직한' 인간의 발달 과정과는 사뭇 달랐다. 결혼을 했든, 그렇지 않든 지금의 서른들은 고립된 삶을 사는 듯했다. 그런 고립을 모두 힘겨워하면서 말이다. 그래서 답을 찾고자 하는 것 같지만, 정작 답을 찾기 위해 '떠나는' 사람은 거의 없었다. 단지 앉은 자리에서 누군가 답을 줄 수 있는 사람을 불러들이려고만 하는 듯 보였다.

어떻게 보면 이제 서른들의 고립은 '자발적인' 것처럼 보이기도 했다. 하지만 그것은 자본이 만들어 낸 조건과 상황이 강제한 삶의 방식이기도 하다. 사람들을 개별적으로 통제해야 권력과 자본은 더 마음대로 전횡을 부릴 수 있기 때문이다. 모두에 대한 모두의 투쟁을 부추기는 것이다. 그러니 경쟁 말고는 다른 사람들과 함께하는 방식을 모르는 것도 이해할 만하다. 이렇게 고립된 방식으로 살아가는 그들을 누구도 쉽게 비판할 수 없다.

하지만 그렇다고 각자의 삶에 대해 스스로 성찰해야 할 책임이 면제되는 것은 아니다. 청춘이라고 부르기에는 뭔가 좀 미안하고 그렇다고 딱 잘라 청춘이 아니라고 하기에도 아쉬움이 많은 30대가 아닌가. 서른의 고행은 세상에 나를 어떻게 위치시킬 것인가를 중심에 두고 고민해야 한다.

이렇게 말하는 것 역시 부끄럽긴 하지만, 나는 이 엄중한 서른을 어떻게 보내야 할지, 나의 삶을 통해 부단히 몸부림치고 부단히 싸우며 고민하고 모색했던 것 같다. 부족하지만 나의 제자들에게도 그런 노력을 몸소 보여주려 노력했다. 내가 그 친구들에게 그나마 선생 노릇을 한 적이 있다면 이것 하나가 아닐까 싶다.

그런데 그들은 내 말을 얼마나 알아들었을까. 자기 자

신과 가족 외에는 누구도 돌아볼 겨를이 없는 지금의 젊은 세대에게 연대는 얼마나 멀고 먼 일인가. 사회적 개인으로서 성장할 수 있는 가치를 제대로 전수해 준 어른이나 공동체도, 연대의 경험이나 기억조차 전무한 그들에게, 삶에서 연대를 꿈꾼 나의 경험과 기억은 얼마나 설득력을 가질 수 있을까.

이방과 변방의 땅에서 자발적으로 선택한 고립과 고군분투의 삶을 경험한 나 자신과, IMF 이후 신자유주의 질서로 재편된 한국 사회의 변화를 아무런 의문이나 저항 없이 그대로 받아들인 채 모래알처럼 흩어진 개인으로 살아온 젊은 세대들의 체념과 무심함은 얼마나 다른 것일까. 우리의 경험은 정녕 서로 호환될 수 없는 것일까?

5장

나른한 삶의 실체

마흔에서 마흔둘, 필자가 생각하기에 이 나이는 여성들에게 있어 '마(魔)의 2년'이다. 젊음에서 늙음으로 향하는 중간지대, 일종의 삶의 연옥과 같은 시간 영역, 여러 가지 변환의 시기이며 불안한 많은 것들이 확정된 상태로 자리 잡기도 하는 시기이다. 삶은 도약을 꿈꾸지만 안주하려는 기운에 부딪쳐 몸부림친다. 그래서 버릴 것은 버리고 포기할 것을 포기하지 못하면, 그리하여 이 시기를 도약의 기회로 삼지 못한 채 지리멸렬하게 보내 버린다면, 탈색된 에너지로 근근이 버티면서 살게 될 것이다. 이 시기에 삶의 변화를 위해 몸부림치면서 그 변화를 현실에서 어느 정도 실현시키지 못한다면 이후의 삶은 여러 부분에서 박제로 남게 될 것이다.

물론 필자의 임상 경험이 다른 전문가들의 경험과 다를 수 있고, 개인 간의 차이도 엄연히 존재하기에 필자의 생각을 일반화할 수는 없다. 그러나 이 연령대를 통과하는 여성들에게서 흔히 보이는 현상임은 분명하다.

받으려고만 했던 삶

전문직 남편, 대지 60평에 건평 70평의 고급주택, 장성한 자녀들, 20년 넘게 나름 자기 분야에서 일해 온, '커리어 우먼'이라고 불러도 손색없는 이 여성. 삶의 어느 구석에도 궁기(窮氣)라고는 없는, 잘 배우고 도회풍으로 세련미까지 갖춘 40대 중반의 이 여성. 그런데 그녀의 삶은 이제 나른함에 잠식되어 있다.

영인은 우리 집안과 얽힌 어떤 인연 때문에 집안 대사가 있을 때마다 한 번씩 만나는 여성이다. 친척은 아니지만 집안이 서로 다 아는 그런 관계로 나보다 몇 살 어린 동생이다. 가끔 만나는 사람들은 언제나 그렇듯 생각보다 나이가 들어 있고, 어린 친구들은 더 장성해 있다. 귀국 이후로 몇 번 본 그 아이는 볼 때마다 화려하고 세련되어 보였다. 하지만 문득 전해 듣는 소식을 통해서 그녀의 삶이 편한 것만은 아닐지도 모른다는 느낌을 받았다.

내가 무슨 공부를 했고, 어떤 일을 하는지 알게 된 영인은 언젠가 집안의 장례식에서 만나 잠시 얘기를 나누며 설핏설핏 자기 이야기를 했다. 생전 내 어머니를 통해 그녀 집안의 이야기를 약간은 들은 터라 동생의 한두 마디로도 상황은 짐작이 되었다. 그 후 일삼아 연락한 그 아이와 점심을 먹으며 이야기를 나누었다.

그녀는 대체로 강남의 '그녀'들이 사는 삶을 누리고 있었다. 부와 물질적 풍요로움도 있었지만, 그에 비례하는 공허함과 어떤 집착의 허망함도 나누어 갖고 있었다. 영인의 어머니는 당시 지방에서는 보기 드물게 서울로 유학을 간 재원이었다. 졸업 후에는 걸맞은 남편을 만나 이른바 엘리트의 삶을 살았다. 부유한 집안의 막내로 태어난 영인은 위로 오빠가 하나 있었는데, 오빠는 어려서부터 명석함이 남달랐다. 어머니는 자녀 양육의 시간을 대부분 오빠에게 쏟아부었다.

어느 정도 짐작이 가겠지만, 영인에게 평생 벗어나지 못한 괴로움이 있다면 오직 하나, 바로 어머니에 대한 깊은 애증이었다. 나이가 사십하고도 중반을 넘겨 쉰을 향해 갈 때까지, 그녀의 삶에서 수시로 치받쳐 올라오는 서러움과 분노는 어머니를 향한 것이었다. 자신을 지지하는 말 한 번 해준 적 없고, 한 번도 귀하게 대해 준 적이 없으며, 단 한 번도 따스함을 느낄 수 없었던 어머니를 향한 분노와 그런 자신의 삶에 대한 서러움은 어디에서도 보상받을 수 없었다.

그녀는 화려하고 빛나는 것을 좋아했다. 꾸미고, 그리고, 만드는 일이 그녀의 특기였지만 어머니는 한 번도 그것을 칭찬해 준 적이 없었다. 그런 일을 그녀가 좋아하게 된 것은 어머니가 화려하게 꾸미고 세련된 것을 좋아했기에, 그런 어머니의 마음에 들기 위함이었다는 것은 나와 이야기를 하면서 깨달은 사실이었다.

부유한 집이었음에도 귀한 것은 항상 오빠에게 양보해야 했고 좋은 음식도 오빠가 먼저 먹어야 했으며 '진자리 마른자리 갈아 뉘실 때' 오빠는 마른자리에, 자신은 진자리에 뉘었다. 어느 순간 머리가 커지면서 그 부당함에 분노가 일면서부터 그녀는 평생 엄마와 반목하며 지냈다. 게다가 오빠는 어떤 일로 인해 어릴 때의 총명함을 잃었고, 그저 평범한 남자로 살아가게 되었다. 이제야말로 어머니가 자신에게 관심을 돌릴 것이라 기대했지만 '평범한' 남자로 살아가게 된 오빠에게 엄마는 전보다 더 온 마음을 쏟기 시작했다.

그녀는 결혼으로 도망쳤다. 남편은 아버지처럼 잘 배

우고 똑똑한 남성이었다. 돈도 잘 벌고 큰 사고도 치지 않는 사람이었다. 하지만 서로 소통할 수 없었다고 한다. 부잣집에서 잘 배운 딸이 무슨 고생을 했겠냐며 오히려 핀잔을 주기 일쑤였다. 남편은 이른바 '개룡남'으로 자수성가의 표본이었다. 사회적 책임감으로만 똘똘 뭉친 남편, 사회적 성공 외에 다른 것은 모두 삶에서 부수적인 것이라고만 생각하는 그 남자와 살을 부비며 사는 일은 갑각류의 스킨십만큼이나 건조하고 무미했다. 몇 번의 이혼 위기를 맞았으나, 이혼 후의 삶에 대한 공포와 두려움, 이혼 과정에서 겪어야 할 온갖 피곤한 일들이 그야말로 귀찮아서 "이혼 생각은 끊었다"고 했다.

자녀에 대한 집착과 애정만이 그녀의 유일한 동력이었다. 그것이 없으면 살 이유가 없는 것처럼 그녀는 투쟁하듯 입시 전쟁에 올인했다. 그렇게라도 하지 않으면 무너질 것 같았다. 그러면서도 한국 교육의 병폐에 대해 비판하고, 조금 더 진보적인 정당에 투표하고, 사회 비판적인 책을 읽으며 자신이 아주 천박하거나 나쁜 년은 아니라고 자위하면서 살았다고 한다.

최근 그녀는 늙고 병들고 아픈 어머니와 화해 비슷한 것을 했다. 저 노인네와 싸워 봤자 뭐하겠나 싶고, 막상 병든 노모는 며느리보다 딸의 도움을 간절히 원했다. 여느 화해의 과정이 그렇듯 몇 번의 갈등을 겪었으나 둘의 관계는 호전되었고, 문제가 해결되었다고 생각했다. 하지만 그 뒤에 찾아온 허무함은 전에 겪은 애증의 혼란보다 덜하지 않았다. 지나간 인생이 허비된 것 같았다. 어머니의 애정을 갈구하다 그것이 불가능함을 깨닫고 남편에게, 자녀에게 보상받으려 했으나 이제는 그 누구에게도 자신의 보상 요구를 정당화할 수 없게 되었음을 알았다.

보상받으려 몸부림쳤던 지난 세월들이 헛짓이 아니었을까, 그런 난망함이 들면 몸에 바람이 빠져나가는 듯했다. 모든 욕망의 소실점으로 자녀를 희생양으로 삼았으나, 때로 자신이 하는 짓이 현실이 아니라는 것을 느낄 때, 망상 장애를 가진 자가 진짜 현실을 1초간 느낄 때처럼, 두려움과 혼란을 감각하고는 서둘러 다시 욕망의 환상계로 돌아온다. 그녀는 낮술을 곧잘 마신다고 했다. 중독 없이 살 수 없는 그녀들. 낮술로 연명하는 그녀들. 도심의 어느 멋진 핫 플레이스 카페에서 또는 맛집으로 알려진 식당 구석에서 낮술로 삶의 회한을 토하는 그녀들, 그러나 다시 허탈하게 나른한 삶 속으로 돌아와 꿈을 꾸는 그녀들. 흔하게 보아 온, 부유하나 마음 한쪽은 가난한 그녀들이다.

가난한 집에서 자란 이들은 자녀를 이용해 신분 세탁

의 세계로 진입하려 하고, 부유한 집의 그녀들은 그것을 유지하기 위해 그래야 하고, 사랑받지 못한 이들은 사랑을 채우기 위해 그러하고, 그 모든 것들은 욕망으로 직조된 환상계를 만들어 낸다. 결여는 욕망의 어머니다. 부를 누리는 것은 자신이 갑이 되는 일을 확인하는 것. 관계의 갑이 되지 못하면 언제나 불안한 그녀들에게 쇼핑은 사실 과시도 아니고 치장도 아니며, 심지어 사치나 허영도 아닌, 그저 권력의 확인일 뿐이라는 것을 알지 못한다.

나이 마흔을 넘어서도 영원히 부모의 자식이 되지 못한 것을 한스러워하며, 이제는 돌이킬 수 없음을 알면서도 돌이키고 싶어 몸부림치는, 40년 묵은 신생아들의 공허와 집착의 삶은 여러 중독의 모습으로 나타난다.

나른한 그녀들에게는 무엇이 결여된 것일까. 부모의 사랑일까, 남편과의 애정 어린 관계와 소통일까, 자녀의 성공일까? 하지만 삶의 어느 한쪽에 대한 몰입으로 치닫는 동안 돌보지 않은, 돌봐야 하리라 짐작도 하지 않은 곳에서부터 삶의 균열은 발생한다. 이 나른한 강남 40대 부유한 삶을 사는 여인의 삶에서 결여된 것은, 받으려고만 했을 뿐 '주려고는 하지 않았다'는 것이다. 이건 명료하고 간결한 결론이다.

자신이 받으려 했던 그것은 타인에게도 필요하다. 대

체로 미숙한 자아들은 자신이 받지 못한 그것을 누군가에게 주려는 생각을 하지 못한다. 게다가 자신이 받지 못한 그것을 자녀에게는 부득부득 느끼게 해주려고 폭력에 가까운 애정을 쏟는다. 하지만 인간의 삶은 그렇게 가두어진 협소한 시공간에서는 확장되지 않은 채 경직되어 갈 수밖에 없다. 애정의 주고받음은 반드시 육친과 혈육 간의 문제가 아니라는 것을 그녀들은 알지 못했다.

정신분석가로서 오랜 경험을 통해 선한 삶에 대한 나름의 배움이 있었다면 이런 것이다. 나쁜 짓을 하지 않고, 다른 사람의 것을 뺏거나 구태여 의도하여 거짓말을 하지 않는 것은 절반의 선함일 뿐이다. 남의 것을 빼앗지도 말아야 하지만 부족한 이에게 나누는 마음을 실천하는 일, 타인에게 상처가 될 말을 하지 않는 것을 넘어 필요한 정서적 지지와 마음 아픈 이가 그 어려움을 극복할 수 있도록 진심의 위로와 섬세한 배려를 제공하는 것까지가 나머지 절반의 선함을 완성시키는 일이다.

금욕적으로 사는 것만으로는 충분하지 않다. 어떤 이는 자신은 육식을 하지 않음으로 세상의 생명에 자비를 베풀고 있다고 생각할지 모른다. 하지만 그 선함에 더 나아가 유전자 조작 정책에 반대하고, 지구 환경의 오염과

핵에너지 확산에 반대하는 어떤 행동이라도 하는 것이 생명에 대한 자신의 존중 의지를 실현시키는 일이다. 공공선과 타인을 위해 정의를 부르짖기를 주저하거나 몸의 에너지를 한껏 사용해 사랑하고 느끼고 감각하지 않는다면, 우리의 삶은 반쪽일 뿐이다.

영인이처럼 받지 못한 괴로움에 갇혀, 나눔으로써 누릴 수 있는 즐거움을 상상도 하지 못한 삶들은 흔히 널려 있다. 마흔이 넘어서도 여전히 베풀지 않는 삶은 이렇게 자신을 스스로의 고통 속으로 가두어 버린다. 자신의 피폐함은 모두 부모로부터 비롯되었다며 원망을 거두지 않은 채, 가족을 자기 삶의 모든 고통의 원인으로 지목하면서 자신은 그저 피해자라고 인정받고 싶어 한다. 인간의 진정한 평온은 정신과 마음의 온전한 균형이 이루어질 때만 가능하다. 받지 못한 고통을 극대화시킬수록 나눌 수 있는 기쁨은 쪼그라든다. 하지만 나른한 영인이에게 내 말은 쓰고 낮술은 더 달았다.

6장

열심히 살았다는 것

가부장, 마초, 안하무인, 소통 불능, 일벌레, 예비 실업자, 무능, 화내는 사람, 비아그라, 밴드와 동호회, 일주일에 한 번만 보면 좋을 사람, 시어머니 아들, 쩍벌남, 술 냄새, 잠재적 성추행범….

세상의 아내와 자식들 그리고 젊은이들은 우리(50대 남자 가장)를 이렇게 묘사하고, 이런 이름을 붙여 부른다. 그렇지만 우리에게도 서러움이 있다. 우리도 한때 소년이었고, 꿈이 있었다. 국어 선생님이 되거나 기타를 멋들어지게 치거나 아버지에게 인정받거나 하는 꿈. 엄마의 사랑을 듬뿍 받았고, 누나의 솜털 같은 동생이었고, 한밤중

뒷간이 무서워 노래를 부르며 응가를 하던 그런 소년이었다. 우리도 최소한 간직하고 펼치고 이루고 싶었던 꿈이 있었다.

까마귀 떼처럼 무채색의 유니폼 양복을 입고 출근하고 점심 메뉴를 고민하는 일상을 살더라도, 우리도 인간이고 원하는 무엇이 있다. 하지만 너희처럼 나도, 그런 삶을 살지 못한다. 그래, 너희라도 그렇게 살게 하기 위해 우리는 이런 사람이 되어 버렸다.

지리멸렬해진 삶

어느 일요일, 아내는 대학 동창 딸의 결혼식에 가고 아들은 독서실을 핑계대고 놀러 나갔다. 딸과 덩그러니 둘만 남자, 재영이는 어색함으로 어찌할 바를 모른다. 아내가 끓여 놓은 국과 밥으로 딸과 함께 점심을 먹는다. 몇 마디 주고받은 뒤, 설거지까지 하고 하니 할 말도, 할 일도 없다. 중학생이 된 딸은 자기 방에 들어가 나오지 않는다. 딸과 둘만 있는 이 시간은 은근한 불편함으로 견디기 어렵다. 결국 재영이는 사무실에 나가기로 한다.

직원 다섯 명을 두고 기업체 사보 편집 겸 출판사를 운영하는 재영이는 최근 직원 두 명을 정리 해고했다. 사보도 이젠 온라인으로 출판하거나 그나마도 중단하는 기업이 늘었다. 스마트폰이 대중화되면서 책 판매는 현저히 하락했고, 회사 운영은 점점 어려워지고 있다.

일요일 오후의 사무실은 조용하다. 이제야 마음이 편해진다. 컴퓨터를 켜고 독일 분데스리가 손흥민의 경기를 인터넷으로 시청한다. 뭔가 헛헛함이 느껴져, 맥주를 몇 캔 사왔다. 의자를 한껏 뒤로 젖히고 비스듬히 누워 축구를 보며 맥주를 마신다. 오랜만에 맛보는 조용함이다. 하지만 왠지 서글프다. 아니 서럽다.

중년이 되면서 불쑥불쑥 솟구치는 의문으로 언젠가부터 괴로움과 우울함이 더해졌다. 무엇을 하며 사는지, 왜 이러고 사는지, 답을 찾으려는 노력조차 할 수 없을 정도로 혼란스럽다. 이렇게 사는 게 맞는지 점점 자신이 없어진다. 하루는 잠을 청하며 넌지시 아내에게 물었다. 아내는 팔자 좋은 소리 말라며 돌아누워 버렸다.

지리멸렬. 이리저리 흩어지고 찢기어 갈피를 잡을 수 없음. 재영이는 자신의 삶을 이보다 더 잘 표현할 수 없다고 생각한다. 동창 중에 아직도 대학 때의 결기를 가지고 여전히 시민 단체에서 일하는 친구가 있다. 그의 삶도 곤궁하기는 마찬가지다. 하지만 그는 어떤 이유에서인지 자신과는 다르게, 청춘이 살아 있는 것 같다. 경제적으로는 자신보다 못하지만 그 친구의 삶은 훨씬 더 자유로워 보였다. 한 가지 확연히 다른 점이 있다면 그 친구에게는 자녀가 없다는 것이다. 그는 아이를 갖지 않기로 아내와 서로 합의했다고 한다. 그래서인지 학군에 맞춰 집을 옮겨야 한다거나 자녀 교육비와 같은 문제로 전전긍긍하지 않아도 되었다.

노후가 외롭지 않겠냐며 친구들이 자녀 갖기를 권했는데, 지금 와서 보니 아이러니하게도 자녀가 없는 것만큼 확실한 노후 대책도 없어 보인다. 중학생 아들이 군대 갔다 오고 대학을 마칠 때까지 적어도 10년은 더 일해야 하고, 그러고 나면 자신의 노후 대책은 세울 수가 없다. 서울 시내에 집 한 채 있는 것이 무슨 대단한 재산도 아니고, 남은 20년을 제대로 된 벌이 없이 살아가야 한다는 것은 어떤 끔찍함일지 상상도 되지 않는다.

이런 세상에서 자녀들에게 부모를 책임지라고 하는 것이 불가능함은 자신의 삶을 통해서도 증명된다. 재영 자신도 이미 고향에 계신 노모의 생활비를 제대로 책임지지 못하고 있기 때문이다. 사람 구실 제대로 못하는 처남을 대신해 장인 장모의 생활비까지 걱정해야 하는 처지이기 때문에, 자식들에게만은 늙어 일하지 못하는 노년을 의탁하는 몹쓸 짓은 하지 않으리라 다짐한다.

그래도 그렇지, 한때 세상을 바꿔 보겠다고 앞장서서

화염병을 던지고 독재 타도의 맨 앞줄에서 청춘을 불살랐던 젊음이 있었는데, 어쨌든 세상을 조금은 변화시켰다고 자부하고 그 주역에 이름을 올린 경험이 있는데, 내 삶이 이렇게 지리멸렬해진 것은 무엇 때문인가? 재영이의 회한은 깊었다.

민주당에서 대통령이 나오면 아파트 가격이 떨어지니 보수 정당에 투표해야 한다는 아내의 주장에, 썩어 빠진 생각이라며 화를 내면서도 사실은 투표장에서 개발 독재의 상징인 이명박에게 투표한 재영 자신의 비열함은 어떻게 납득해야 할 것인가 말이다. 노무현 대통령의 장례식 노제에 참석해서 한없이 울었던 이유는 그의 죽음이 슬퍼서이기도 했지만, 자신의 삶이 하도 비루해서 견딜 수 없었기 때문이기도 했다. 증세 없는 경기 부양이라는 보수당의 거짓말에 속은 적이 한두 번도 아니면서 지역구는 보수당에 표를 주고 정당 투표는 진보 정당에 했다며 자위하던 자신은 애써 지워 버리고 싶다. 자책해 봤자 다음 투표에도 또 그럴 것이 거의 분명하기 때문이다.

재영이는 이렇게 속물이 되었다. 더 잘살게 되었는지는 몰라도 여유는 더 없어졌고, 더 넓은 집과 더 큰 차는 가지게 되었지만 삶은 더 팍팍해졌다. 집은 내 명의이지만 그 집 어디에서도 정서적 공간은 찾을 수 없다. 이제 집은 아이들의 성적과 입시를 위한 독서실이며 아이들이 쉬는 공간이자, 그런 아이들을 효과적으로 뒷바라지하기 위한 아내의 전략적 요충지라 불러야 더 적절한 곳이다. 집은 다시 직장으로 떠날 준비를 하기 위해 잠시 머무는 곳일 뿐이다. 퇴근해서도 바로 귀가하지 않고 집 앞 호프집에서 혼자 맥주를 두어 병 비우고 들어가는 일은 아내도 아직 모른다. 가족은 꾸렸지만 자신은 이제 가족의 일원이 아닌 것 같다.

필자의 동창인 재영이는 어느 날 저녁 내게 문자를 보내왔다. 술에 취해 건들거리며 찍은 문자는 오자투성이였다. "아파트 화단에서 오늘도 오줌을 갈기며 생각한다. 부디 나를 용서하여 누가 여기에서 구출해 주기를…."

'열심'만 있고 마음은 없다

필자의 직장이 있는 종로 인사동 근처에는 해가 떨어지면 포장마차가 늘어선다. 가끔 일을 늦게 마칠 때면 인근 사우나에서 목욕을 하고 포장마차에서 혼자 소주를 한잔한다. 자정 무렵이면 적어도 2차 이상은 마치고 온 취객들이 좁은 탁자에 옹송그리고 앉아 목청을 세운다.

어느 날, 공교롭게도 30대 한 무리, 40대 한 무리, 50대 한 무리가 각각 탁자를 하나씩 차지하고 있었다. 목욕

후 풀린 몸에 소주 몇 잔이 들어가자 나도 취기가 오른지라, 그들을 하나하나 쳐다보며 무슨 얘기를 하는지 들어보았다. 놀랍게도 그 세 그룹에서 가장 취하고 가장 목소리가 높은 사람이 하는 말은 똑같았다. "저, 정말 열심히 살았거든요. 대학 때부터 지금까지 한 번도 게으름 피운 적 없이, 정말 열심히 살았다고요." "구조 조정 곧 있어, 나도 알아. 하지만 나 진짜 열심히 일했다. 이사도 알 거야. 알 거야가 아니라, 알아. 나 정말 열심히 했거든." "야, 씨바! 니들도 알지, 나 존나 열심히 했다. 내가 정말 지금까지 존나 했다고."

30대에서 50대에 이르기까지, 모든 한국 남자들이 목이 쉬도록 외쳐 대는 "나 정말 열심히 살았다"는 말을 들으며, 문득 그들에겐 '열심(熱心)'만 있고 마음은 없는 것이 아닐까 하는 생각이 들었다. 열심히는 살았는데, 그러면 그들에게는 어떤 마음이 있는지 궁금했다. 어떤 마음에서 열심히 살았는지 그것이 몹시 궁금했다. 그리고 나 자신에게도 물어봤다. 나는 지금껏 어떤 마음으로 살아왔는지. 그리고 내 친구 재영이는 그렇게 열심히 살아왔는데, 왜 구출해 달라는 기도를 하는지, 그 마음은 무엇인지. 혼란스러웠다.

우리에게 마음이 있는가? '열심'은 있지만, 그것은 결국 어떤 결핍의 다른 이름이 아닐까. 모두들 다 열심히는 살았지만 정작 마음은 어디에 두었는지, 한 번도 자기 마음은 제대로 보살피지 않은 것은 아닐까. 거기에 생각이 미치자, 솔직히 나는 그들이 꼴 보기 싫어졌다. 고개를 돌리지도 들지도 않고, 그날 밤 혼자 마신 술은 두 병이 넘었다.

그날 밤, 요즘 나를 혼란스럽게 만드는 것의 실체를 만난 듯했다. 청춘도 없이 생존을 위한 노동에 내몰린 젊은이들이나, 가족 외에는 어떤 관계나 현실도 돌아보지 않은 채 고립을 자처하는 축소 지향의 젊은 중년들, 어린 시절의 결핍에만 몰두하며 나머지 삶의 관계와 에너지를 모두 타인을 통한 보상으로 충당하려는 중년의 여성들이나, 젊은 날의 결기와 정의로운 삶에 대한 요구를 안정과 주류의 삶으로 치환해 놓고 지리멸렬해진 삶 앞에 어쩔 줄 몰라 하는 중년의 남성들은 모두 자신들을 '피해자'라고 생각하는 듯했다. 그들의 마음은 누구를, 무엇을 향하는지 모를 억울함과 분노로 가득 차 있었다. 상황이 어떻게 되었든 그들 모두가 피해자이고 가해자는 늘 다른 누군가였다.

사실 가해자가 다른 누군가일 수는 있다. 그러나 정작 그들은 가해자의 진정한 얼굴을 보려고 하지는 않았다.

그저 지금 이 고통이 나로부터 기인한 것이 아니라는 것을 확인하면 족할 뿐이었다. 자기 삶에 대한 보상과 회피와 나약함과 무책임과 무관심, 무심함의 알리바이로 삼을 그 무언가가 필요했을 뿐이다. 그래서 그들은 자기를 돌보고, 자신을 돌아보고, 새롭게 일어설 힘을 어디에서도 찾기 어려울 것이다. 그러니 그저 분노와 원망과 억울함의 악순환 속에 머물고 있을 뿐이다. 그들의 마음은 늘 곤궁했다.

앞서 나는 심리학이 직면한 곤궁함과 심리학자로서 나 자신의 깊은 회의에 대해 언급했다. 그러나 한편으론 우리 앞에 놓인 이 곤궁함, 마음의 곤궁함이야말로 우리가 딛고 설 자리라는 미약한 희망을 갖게 되었다. 진실은 표면에 있다. 드러난 이 상황이 바로 드러내고자 했던 그것이다. 우리의 마음은 왜 이토록 곤궁해졌는지, 어쩌면 그 질문으로부터 다시 시작할 수 있겠다는 생각이 들었다.

2부

연대를
불가능하게
하는 것들

마음의 곤궁함.

대부분의 사람들이 결국 여기서 한 치도 벗어나지 못한다는 사실을 확인한 것이 어쩌면 이 책을 쓰도록 만든 것 같다. 마음의 곤궁함은 어디서 비롯된 것일까. 아마도 우리가 짐작하듯이, 어쩌면 관계의 문제에서 비롯되었을 것이다. 이것은 심리학자로서 내가 세상을 바라보는 관점이기도 하다. 세상일이라는 것이 대부분 관계를 통해 상처받고 무너지고 또 회복되기도 한다. 돈, 직업, 권력, 이 모두는 그저 관계의 소재일 뿐 인간과 인간을 잇는 것은 상대에 대한 신뢰, 친밀감, 교감 등 관계의 밀도와 점도로 결정된다. 그것이 관계의 특질을 결정하기도 한다.

인간에게 가장 두려운 일은 결국 관계에서 발생한다. 많은 심리학자들 역시 그렇게 믿고 있고, 그것을 통해 문제를 해결하려 한다. 그러나 그런 관계를 규정짓는 조건이나 상황, 환경이 관계 자체만큼 중요하다는 사실을 우린 종종 놓치는 것 같다. 앞서 다양한 사례에서 마주쳤던 공통된 문제점도 그와 무관하지 않다. 표면적으로는 관계의 문제로 드러나지만 그러한 관계를 만든 조건이나 상황, 환경에 대해서는 눈 돌릴 생각조차 하지 못하고 있는 것이다. 지금, 한국 사회를 살아가는 사람들이 느끼는 많은 관계의 고통은 개인 간의 문제라기보다는 개인이나 관계를 가장한 제도나 구조, 시스템의 문제라는 것을 미리 이야기하고 싶다. 물론 이 사실 또한 그리 새로운 이야기는 아니다.

'마음의 연대'를 이야기하고 싶지만 사람들의 마음이 도대체 보이지 않는다. 우리의 마음은 이미 무언가에 점령당해 있고, 끊임없이 혹사당하고 있다. 우리 자신의 의도가 아니라 다른 무언가의 의도를 따르기 위해 한 번도 쉬지 못하는 것이다. 우리의 마음은 뭔가에 얽매이고 압사당해, 개인의 고유성이 담긴 마음을 찾거나 헤아리기 어렵다.

마음은 무언가를 향해 나아갈 수 있는 상태, 준비된 상태, 설레는 상태, 긴장된 상태, 또는 때로는 아주 편안히 쉬는 상태라야 건강한 것이 아닐까 싶다. 그것이야말로 마음의 '자연스러운' 모습이다.

1장

'부모'라는 하나의 문제

심리학자로서, 연대의 가능성과 불가능성에 대해 사회학자들이 이야기하는 것과 조금은 다른 관점에서 이야기를 해야 할 것 같다. 우리 사회에서 관계가 불가능하고 연대가 일어나기 어려운 가장 큰 이유는, 부모와 자녀 관계에서 그 핵심적이고 근본적인 문제를 찾을 수 있다고 생각한다.

아무리 생각해도 우리는 '부모'로부터 벗어나지 못한 것이 분명하다. 우리가 이루려는 대부분의 것들, 우리가 지향하는 가치는 부모의 가치를 충실히 이행하거나 그것으로부터 벗어나기 위한 과정이었다고 해도 무리가 없어 보이기 때문이다. 한국 사회에서 부모는 이미, 하나의 '문제'가 되어 버린 것 같다.

대한민국 부모의 민낯

먼저 비교적 젊은 세대의 마음부터 들여다보자. 현재 10대 청소년부터 심지어 성인이 된 30대에 이르기까지, 부모로부터 자유로운 젊은이들을 찾기란 너무나 어려운 일이다. 부모의 몰락으로 인해 그 가난을 대 이어 물려받은 경제적인 예속에서부터, 정서적인 탯줄을 끊지 못한 채 끝없이 부모의 인정을 받으려 하거나 반대로 풍족한 부모의 품에서 계속 머물고 싶어 하는 젊은이들, 벗어나려고 몸부림치지만 부모가 쳐 놓은 강력한 감정의 끈적이에 붙잡혀 마치 거미줄에서 벗어나지 못하듯 부모의 방사선에서만 맴도는 2, 30대도 너무나 많다.

40대 이후라고 해도 상황은 크게 다르지 않다. 중년을 훌쩍 넘겨서도 여전히 부모의 사랑과 인정에 갈급하고, 그로 인한 애증으로 괴로워한다. 부모가 행한 편애의 수혜자였다 하더라도 사정은 크게 다르지 않다. 어머니로부터 벗어나지 못한, 쉰 살도 넘은 마마보이들이 한국 사회에는 지천으로 널렸다.

세대별로 그 상황을 좀 더 자세히 들여다보자. 가장

격정적인 사춘기인 중학교를 이제 막 통과한 10대를 보면 크게 두 부류로 나눌 수 있다. 부모와 타협하고 부모가 가진 자원 안에서 편히 살기로 결정한 경우와 어떤 식으로든 부모로부터 자신을 분리하려고 몸부림치는 경우다. 부모 덕을 톡톡히 누리겠다고 했다손 치더라도 마냥 쉽고 만만한 일은 아니다. 먼저 자신의 견해를 완전히 거세하고 부모와 부모 세계의 가치를 받아들여 충실한 공부 기계가 되는 부류가 있다. 이들은 부모가 기대하는 대로 적당히 괜찮은 코스를 밟고, 적당한 문화적 향유와 함께 경제적 부의 우위를 점하는 수순을 밟아 나간다. 이와는 달리, 좀 더 영악한 경우는 공부는 열심히 해주지만 놀 건 다 챙겨 노는 부류다. 부모의 자원도 포기하지 않으면서 자신이 원하는 것도 적당히 챙긴다. 물론 두 가지 다 나쁘다.

이런 부류들은 사회적인 권력이나 권력이 가진 자원을 선점할 가능성이 높다. 10대에 벌써 타협을 알고, 자진해서 독립성과 야생성을 거세했으며, 권력의 틈새를 찾아 자신의 운신처를 마련하려는 이들이 성인이 되어 정의와 공공선을 고민할 가능성은 극히 희박하다. 이미 이 아이들은 자신의 존엄성을 일찌감치 포기했고, 자신에 대한 자부심을 갖지 않기로 결정해 버린 것이다.

몇 년 전, 한국 최고의 보수 신문 소속의 사회부 기자로부터 전문가 의견을 묻는 전화를 받은 적이 있다. 취재 목적은 부모에게 욕하는 10대 자녀들에 대해 논평해 달라는 것이었다. 그 기자 역시 강남에 거주하면서 자녀를 키우는 입장이라 취재 목적 반 개인적인 우려 반으로 내게 몇 가지를 물었다. 취재 말미에는 오히려 내가 기자에게 현재까지의 취재 결과를 물으며, 부모가 없는 데서 부모 욕을 하는 것은 어쩌면 애교에 가까운 것 같다는 농담을 던지기도 했다.

기자는 부모에게 욕을 하는 아이들 중 상당수는 학교에서는 모범생(?)이고 성적도 상위권을 형성하고 있다고 전했다. 그들 중에는 부모가 있는 앞에서 쌍욕을 하고 폭력적인 행동을 하는 아이들이 부지기수란다. 이 아이들만의 문제일까? 그들은 태어나면서부터 이렇게 되기로 작정하고 그렇게 자란 아이들일까?

또 다른 경우를 보자. 한국에서 입시 경쟁에 목매는 부모라면 누구나 보내고 싶어 하는 어느 기숙형 사립 고등학교에서 벌어진 일이다. 영어로 수업하는 데 전혀 무리가 없고, 졸업생 대부분이 SKY를 가거나 미국 아이비리그나 명문 주립 대학교를 가는 아이들이라고 해도 청소년 시기에 일탈 행위가 벌어지지 않을 수 없다.

들은 말인즉슨, 밤에 몇 명이 모여서 생일을 맞은 친구를 축하하느라 교사들 몰래 술을 마셨다고 한다. 그런데 그날 그 자리에 없었지만 전교 1, 2등을 다투던 한 아이가 그 사실을 어떻게 알고서 술자리에 있었던 다른 아이들은 다 제쳐 놓고 자신과 경쟁 관계에 있는 어떤 아이만 교사에게 일러바쳤다고 한다. 결국 전교 수위를 다투던 그 학생은 경쟁 관계에 있던 아이의 고자질 때문에 예정되었던 각종 상을 받을 수 없게 되었다. 뒤따라 입시에도 불이익을 받을 수밖에 없었다. 고자질한 아이는 남학생이었고 그로 인해 피해를 본 학생은 여학생이었다.

이제 다른 경우를 들어 보자. 학비도 비싸고 유명 연예인을 비롯해, 돈깨나 있는 사람들의 자녀가 주로 입학하는 서울에 있는 어느 사립 초등학교에서 벌어진 일이다. 초등학교 3, 4학년만 되어도 왕따가 횡행한다. 가장 흔히 벌어지는 방식은 화장실에 가둬 두는 일이다. 심하면 문 밖에서 물까지 퍼붓는다고 한다. 고학년이 되면 행위는 더 악랄해지는데, 노골적인 따돌림과 폭력은 놀라운 일도 아니다. 가해를 일삼던 아이가 어느 날 돌연 피해자가 되고, 피해자였던 아이는 더 심하게 다른 아이를 가해한다. 그 학교를 졸업한 두 청년에게서 직접 들은 이야기이니 과장되거나 헛소문은 아니다. 그런 일이 오래전부터 지속적으로 있었고 부모들은 물론 교사들도 모르게 벌어지고 있다니, 아이들은 매일 〈파리대왕〉을 현실로 만드는 주인공인 셈이다.

이제 부모로부터 자신을 분리하려고 몸부림치는 경우를 보자. 이 경우는 어른의 눈으로 보면 두렵기 짝이 없다. 이들도 다시 두 부류로 나눌 수 있다. 하나는 은둔형 외톨이보다 더한 이른바 골방족이고, 또 하나는 이른바 '가출팸'(가출+패밀리)을 만들어 자신만의 가족을 만들어 버리는 극과 극의 경우다.

5년을 골방족으로 지낸 아이가 있다. 맞벌이 부모가 출근하면 방 밖으로 나와 씻고 먹고 텔레비전을 보다가 부모가 돌아오는 시간이면 어김없이 방에 들어가 나오지 않는다. 다시 부모가 자러 들어가면 화장실에 가고 밤을 새워 게임이나 인터넷 서핑을 하고 일본 만화를 탐독한다. 골방족이 된 처음 1년간은 엄마가 울고불고 애원을 했지만 아이는 방 밖으로 나오지 않았다. 두 해가 지난 어느 날 엄마가 사과하면서 "네가 하고 싶은 대로 하라"고 하길래 아이는 엄마가 '항복'한 줄 알고 방 밖으로 나왔다. 하지만 엄마의 맹세는 일주일을 채 넘기지 않았고, 예전의 엄마로 다시 돌아왔다.

아이는 다시 방으로 돌아갔다. 그리고 다시 두 해를

넘길 때까지 골방족으로 살았다. 다시 어느 날 밤, "이제는 정말 네가 원하는 대로 해라, 엄마가 정말 잘못했다"는 말이 진심으로 들려서 다시 밖으로 나왔다. 하지만 엄마는 한 달이 좀 지나자 "검정고시를 쳐라, 대학을 가야지, 뭐 해먹고 살래" 등 예전의 숨 막히는 상태로 다시 돌아갔다. 아들은 또다시 방을 선택했고, 그렇게 1년이 넘게 흘렀다. 또 한 번 어느 날, 세 번째로 엄마가 사과하고 잘못했다는 말을 했는데, 그때는 정말 엄마가 자기를 '포기'했다는 것이 느껴졌단다. 그렇게 방에서 벗어난 아이는 지금 자발적으로 검정고시를 치고 대학에 들어갔다. 하지만 가장 왕성한 시기인 청소년 시절 5년을 방에서만 지낸 이 청년은 여전히 삶이 불안하고 두렵다. 약간의 좌절만 있어도 다시 '방'을 택한다.

통계마다 다르게 나타나지만 현재 10대 후반에서 30대 초반까지 우리나라의 은둔형 외톨이는 최소 30만 명이 넘는 걸로 추산된다. 시험 준비를 빙자한 고시원의 수많은 '공시생' 중 상당수를 포함하면 이 숫자는 훨씬 더 많을 것이다. 이 현상은 부모의 재산 유무나 학벌의 고하와 상관없이 나타난다. 이는 공공성이 결여된 채 자본의 논리에 의해 구조화된 사회와 무력해진 가족 안에서 청년들이 겪는 삶의 위기가 드러난 것이 아닐까 싶다. 그 근

저에는 불신의 근원지로서 부모가 자리한다.

자신들의 부모가 사회로부터 자신을 안전하게 지켜줄 가장 기본적인, 즉 정서적이고 심리적인 피난처가 되지 못할 때 자녀들은 '신뢰성의 위기'를 경험한다. 자신을 신뢰하고, 부모를 신뢰함으로써 세상에 대한 신뢰로 나아가는 과정에서 일차적인 위기를 맞는 것이다. 여기에 더해 부모 자신이 어떤 여과 장치나 배려, 보살핌 없이 정당하지 않은 사회적인 가치나 태도, 사회적 압력을 고스란히 전달할 때, 부모 자신이 해결하지 못한 사회 · 경제적인 상황이나 사회로부터 느끼는 부당함, 차별과 분노를 그대로 물려줄 때 자녀들은 사회에 대한 공포를 무의식적으로 학습한다.

이때 부모는 그들을 보호할 수 없는 상황이거나 일차적인 공포의 진원지였기에 어떤 도움도 주지 못한다. 이제 가족은 사회로부터 이들을 보호할 장소가 아니라 사회적인 압력을 가중시키는 곳이 된다. 부모가 가진 사회에 대한 불안과 사회적 안전망이 없는 가운데 살아가는 삶에서는 궤도에서 한 번 벗어나면 대열에서 영영 멀어질 것이라는 공포가 전염되고 대물림된다. 부모의 과도한 기대와 학벌에 대한 맹신을 지켜보며 사회로부터 도피할 장소가 어디에도 없다는 것을 알게 된다. 그럴 때 가족의 어떤 말이나 위로도 또 다른 압력으로 다가온다. 부모는 이미 또 다른 '사회'이기 때문이다.

이렇게 자신을 세상으로부터 철회하고 완전히 존재를 지워 버리는 방식을 택하는 아이들과는 달리 집을 버리고 나오는 경우도 많다. 골방족이 집 안으로 가출한 것이라면 이들은 집 밖으로 가출하는 것이다.

남편은 일용직 노동으로, 아내는 식당 도우미로 생계를 잇는 부부가 있다. 그들의 아들은 또다시 가출을 했다. 중학교 때부터 벌써 네 번째다. 처음에는 몇 주 나갔다 들어오더니, 세 번째 가출에서는 몇 달간 소식도 없이 떠돌다가 수소문 끝에 겨우 찾을 수 있었다. 부모는 근근이 이어가는 일자리에 하루라도 무단으로 결근하면 그나마도 유지하지 못할 것이 뻔하니 아들을 찾아다닐 여력도 별로 없었다. 지난 번 가출했을 때는 이른바 가출팸을 만들어 그렇게 오래 버틸 수 있었다고 했다. 겨우겨우 아이를 찾아 집에 가자고 설득을 했고, 마침 아들의 '패밀리'들도 힘들고 지친 터라 어떤 아이는 다시 집으로, 어떤 아이는 다른 패밀리를 찾아 떠났다. 학교는 이미 출석일수 미달로 퇴학을 면할 수 없었다.

어떻게든 아이를 '바르게' 키우고 싶은 부모는 학교에 애원해서 아이에게 도움이 될 방법을 찾아 달라고 했다.

담임교사의 주선으로 청소년 상담복지센터에 연결이 되었고 아이는 어렵사리 상담 전문가를 만날 수 있었다. 전문가가 아이에게 물었다. "집이 가난하다고 가출해서 나가면 더 가난하고 힘들지 않니?" 아이는 1초의 망설임도 없이 대답했다. "부모가 가난한 걸 내가 견딜 필요는 없잖아요. 차라리 내가 가난한 게 나아요." 부모의 가난은 자기 몫이 아니라는 것이다. 즉, 가난을 선택하더라도 자기 몫을 책임지겠다는 뜻이다.

상담이 좀 더 진행되자, 아이는 더 깊은 속마음을 털어놓았다. 가난보다 괴로운 것은 부모의 갈등과 다툼이라고 했다. 가난 때문에 자기도 많이 불편하고 쪽팔리고 괴로울 때도 있었다. 더 좋은 스마트폰이나 옷을 사달라고 철없이 화를 내기도 했단다. 하지만 부모가 그런 가난한 상태를 자기보다 더 못 견디는 것 같다고 했다. 돈이 없다면서 매일 술을 퍼마시고 들어와 이것저것 꼬투리를 잡아 화를 내고 폭력을 휘두르는 아버지. 그의 술주정에는 빠지지 않는 레퍼토리가 있었다. "너 그 따위로 공부해서 나중에 어떡할 거야? 있는 놈들이 과외하면서 성적 올릴 때 너는 더 죽자고 몇 배 더 열심히 해도 따라갈까 말까 아냐! 정신 상태가 너처럼 썩어 빠져서 무슨 공부를 하겠냐?"

엄마 역시 마찬가지였다. "서방 복 없는 년이 자식 복은 있겠냐"며 자신이 겪는 불행의 절반을 아들의 몫으로 던져 버렸다. 무엇보다 아이를 힘들게 한 것은 가난의 불편함을 서로의 탓으로 전가하는 부모님의 다툼이었다. 서로에 대한 악다구니에서 '가난은 수치스럽고 화나는 일이며 바로 당신의 무능력이나 잘못으로 인해 발생한 것'이었고, 이것은 아이에게 견디기 어려운 지옥이었다.

어느 시대에 가난은 시인을 탄생시키기도 했지만, 이 시대의 가난은 감정의 지옥을 만들고 아이에게 인생 불행 종합세트를 수십 년 앞당겨 선물하고 있다. 누구나 노력하면 언젠가는 부자가 되어 있으리라는 환상만큼 끈질기게 우리를 붙잡는 것이 또 어디 있을까. 성공 신화를 부추기는 미디어를 보면 경쟁의 대열에서 성공한 몇몇 '대박집' 사장들을 강연의 인기 강사로 내세운다. 이런 방식은 환상을 강력한 현실로 받아들이게 한다. 하지만 자본주의 사회는 대다수의 무산계급이 가난을 대물림할 수밖에 없는 구조다. '경제 민주화'라는 말을 가장 많이 하는 보수 정당들이 부자 증세에는 적극 반대하고 법인세 인하에 앞장서는 것만 보아도 그들이 말하는 노력하면 보상받는다는 꼬드김은 환상일 뿐, 실제 삶에서는 오직 가진 자들의 세습만이 가장 확실한 현실이다.

'가난은 당신의 무능 탓'이라는 부부들의 지난한 전쟁은 어쩌면 사실일 수도 있다. 하지만 인간이 원래부터 무능한 것이 아니라, 그렇게 무능도 세습되도록 설계된 사회라면 어찌할 것인가? 재벌가의 아들딸이 일용직 부모 밑에서 태어난다면 그런 부를 만들어 낼 수는 없지 않은가?

문제는 가난에 대한 태도다. 앞에서 가출팸을 만들어 자기 가난을 선택한 아이는 가난 때문이 아니라 가난에 대한 부모의 괴로움 때문에 가출한 것이다. 삶은 더 나아져야 하고, '남들처럼' 누려야 하고, 그렇지 못하면 이 생(生)은 실패한 것이라고 생각하는 부모에게서 아이는 자신의 삶을 찾고자 떠나려는 것이다. 한 가지 덧붙이자면, 가난한 아이들만 가출하는 것이 아니다. 중산층 가정의 아이들도 부모의 집착과 악다구니로부터 탈출하기 위해 가출팸이라는 자신만의 가족을 만드는 경우가 허다하다.

인터넷의 연결 고리는 어른들이 상상하는 것 이상으로 훨씬 더 구체적이고, 다양하며 현실적이다. 가출한 아이들은 인터넷을 통해 얻어 낸 각종 정보를 통해 필요에 따라 무리를 이루고, 가출을 준비하는 아이들도 무리를 찾는다. 가출팸 안에는 나름 아버지 역할, 어머니 역할을 하는 아이들이 있다. 유사 가족이라고도 부르기 어려운,

소꿉장난 같은 가족 놀이지만 이들은 나름 굉장히 심각하다.

가끔 연예인들 중에 청소년 원조 교제를 했다가 적발되어 망신살이 뻗치는 경우가 있는데, 이렇게 성인을 대상으로 한 성매매는 여자아이가 단독으로 하는 경우가 그리 많지 않다. 대부분 가출팸의 대장격인 아이가 주도하고, 성매매 역할을 맡은 아이가 따로 있고, 돈을 관리하는 아이도 따로 있다. 때로 이들은 성매매 사실을 무기로 원조 교제 성매수자에게 협박을 하기도 하고, 돈을 먼저 받고는 약속 장소에 나가지 않기도 한다.

성매매가 여의치 않아 먹을 것이 떨어지면 아버지 역할을 맡은 아이들은 도둑질이나 강도질을 저지른다. 이들은 한방에 기거하며, 때로는 부모나 사회로부터 학습된 폭력을 구성원에게 휘둘러 죽음에 이르게까지도 한다. 도대체 이들에게 가족은 무엇일까?

부양과 폭력, 희생과 의존. 이것이 가족을 연결 짓는 고리라면, 어른들이 만든 것으로부터 배운 것이 틀림없다. 이들이 흉내 낸 가족의 민낯은 추악하기 짝이 없다. 부양을 거들먹거리며 휘두르는 유무형의 폭력, 희생을 무기로 한 의존 외에, 이들이 가족이라는 이름으로 모일 수 있도록 만든 '마음'은 과연 어떤 것일까? 가족을 떠나기 위해 가출한 아이들이 만든 가족의 모습이 그들이 살아왔던 가족의 가장 어둡고 추악한 면으로만 지속된다면, 그것은 처음 가족을 만든 어른들의 잘못이다.

"내가 널 위해 얼마나 희생했는데?"

이제 4, 50대의 이야기를 해보자. 앞서 논의한 10대를 만든 부모들의 이야기다. 가족의 정서적 접합이 부스러진 정도를 가지고 말하자면, 이른바 강남 중산층이나 그보다 못한 사회 · 경제적 자원을 가진 가족 간의 차이는 사실 거의 없어 보인다. 다만 그 방식과 현상이 다를 뿐이다.

486세대이며 명문대를 졸업하고 외국 유학까지 다녀와 수도권 대학의 교수가 된 한 가정의 이야기다. 그들은 이른바 컬링 부모(Curling parents)의 전형이다. 자녀의 앞길에 방해가 될 만한 것은 잽싸게 알아서 청소해 주고, 자신들이 가진 모든 권력과 자원을 자녀에게 쏟아붓는다. 그것이 비록 편법이거나 비법이라 해도 상관없다. 부모 모두 이공계 대학 교수인 이들은 아들이 수시입학 전형에서 가산점을 받도록 하기 위해 아들의 논문에 심하게 '이바지'했다. '덜 배운' 부모들은 도저히 해줄 수 없는 일이다. 교수로서 직업의식이나 사회적인 윤리나 공공에 대한 인식 같은 것은 애당초 없었다.

또 다른 부모는 교수인 친척에게 부탁하여 아들의 이름을 학술지에 게재될 논문의 공저자로 올린다. 자료 정리 좀 해주고, 허드렛일 몇 번 해준 것으로 공저자가 된 아이가 수시 전형에서 남들보다 더 좋은 점수를 확보하게 된 것은 당연한 결과다. 아이들이 열심히 노력하지 않거나 좋은 성적을 거두지 못하거나 좋은 대학에 들어가지 못하면 부모는 아이들을 향해 이렇게 말한다. "내가 널 위해 얼마나 희생했는데?" 물론이다. 정의를 희생시키고 비법, 편법의 주동자로서 자기 삶의 정당성마저 희생시켰으니 그보다 더한 비루함이 어디 있으며 그보다 더한 희생이 어디 있겠는가?

물론 아이들이 그런 희생을 요구한 적도 없으나 부모는 자신의 정당성을 희생한 만큼 아이들에게 그 대가를 요구한다. 그 요구에 아이들은 응할 수도 없고, 응하지 않는 것도 찜찜하다. 대필 수준의 논문을 써주었든, 부모의 자원을 이용해 부당하게 공저자가 되었든 아이들은 부모가 저지른 불의의 공동정범(共同正犯)이 되었다는 사실을 안다. 이런 경험을 가진 아이들이 과연 자신의 삶에 자부심을 가지고 살 수 있을까?

극악하다는 말로밖에는 표현할 수 없는 부모들이 너무 많다. 아이에 대한 집착이 이럴 수 있을까 싶을 정도로, 아이를 하나에서부터 열까지 꼼짝달싹하지 못하도록 모든 것을 기획하고 조정하려 든다. 차라리 자원이 너무나 많아서 평생 놀고먹어도 될 정도의 재산을 가진 부모들은 그렇게까지 패악을 부리지 않는다. 일찌감치 미국의 사립 고등학교에 보내서 적당히 공부시키고, 적당한 미국 대학을 나와서 한국에 있는 부모의 재산을 관리하며 살면 되니 말이다. 하지만 아파트 한 채에 얼마의 부채와 얼마의 동산이 있는 정도의 중산층 부모라면 그 불안은 없는 자들의 그것보다 몇 배는 더 심하다.

그래서일까. 서울에서 두 번째 강남이라고 불리는 지역의 교육열은 광기에 가까운 부모들을 양산해 낸다. 한 과목에 수십만 원의 학원에 보내기 위해 엄마들은 2, 3천 원짜리 면티를 입으며 돈을 모은다. 그렇게 아득바득 모은 돈으로 사교육을 시키니 조금이라도 더 본전을 뽑기 위해 염치도, 체면도 다 던져 버린다. 아이들의 학원을 선택하기 위해 엄마들이 학원을 몇 군데 돌며 강의를 먼저 몇 차례 들어 보고 학원을 결정한다니 가히 '광(狂)모삼천지교'라 불러도 좋을 것 같다. 이런 광기 어린 교육열에 대해서는 공저로 쓴 《대한민국 부모》에서 비교적 상세히 밝혔으니 여기서는 다른 이야기를 하고 싶다.

2장

점령당한 마음들

10년 가까이 지난 글이지만 오늘에도 여전히 유효한 글 하나를 인용하면서 글을 시작하고 싶다. 사회학자인 김종엽 교수는 권인숙 교수가 쓴《대한민국은 군대다》라는 책에 대한 서평을 한 계간지에 기고한다. 요지는 이런 내용이다. 먼저 권인숙 교수가 '대한민국을 군대'라고 규정한 것은 유의하고 정당하다. 80년대 학번들이 민주화를 부분적으로 이루었지만 그들이 대적한 것은 유년 시절 적의를 품었던 공산 괴뢰도당의 자리를 대신한 유신과 군사독재였다. 즉, 그들은 적의를 먼저 배웠고, 그것을 행위로 옮긴 대상이 군사독재였을 뿐 민주주의의 원 가치와

의미보다는 적의와 격퇴의 에너지를 가지고 그것을 무너뜨리는 데만 진력을 다했다는 말이다. 이는 '87년 체제'라고 하는 절차적 민주주의를 부분적으로 획득하는 데 크게 한몫했고 이후 사회의 주축 세력이 되었음에도 불구하고 민주주의의 구현자로 역할을 다하지 못하는 이유이기도 하다고 지적한다.

이들은 '민주화를 위해 노력했지만 민주화된 사회에서 성장한' 사람들은 아니다. 이들의 유년기와 사춘기를 비롯한 초기 사회화 과정을 지배한 것은 박정희 체제였으며, 군사주의를 비롯한 박정희 체제의 부정적 유산과 그것이 부양한 욕망에서는 여전히 자유롭지 못하다. 무엇보다 생활양식과 삶의 태도에서 문화적 보수성은 여전히 청산되지 못했다. 학생운동 세대는 민주화를 위해 투쟁하면서도 실은 자신들이 타도하려는 대상이 만들어 낸 문화적 패턴에서 제대로 벗어나지 못한 채 여전히 갇혀 있다는 것이다.

이 글이 쓰인 시점은 노무현 대통령이 집권한 2006년이었다. 386세대 중 일부는 노무현 정부 시기에 국가권력의 중심부에 도달했으며 사회 영역에서도 중심 세력으로 부상했다. 386세대가 만들어 낸 절차적 민주주의를 통한 성과의 최대치이자 그 한계를 여실 없이 보여 준 것이 노무현 정부의 문제라고 한다면, 그것은 사회 중심 세력으로 성장했지만 우리 사회의 모습을 근본적으로는 변화시킬 수 없었던 386세대의 한계라고 볼 수 있지 않을까.

우리 사회가 말하는 발전이란?

권인숙 교수와 김종엽 교수의 의견에 깊이 동의하면서, 필자의 의견을 더하고자 한다. 3, 40년 전에 유년과 10대를 살았던 이들이 박정희 체제의 이데올로기를 있는 그대로 여과 없이 수용하게 된 일은 학교와 사회를 통한 조직적 육성만으로는 가능하지 않았다고 본다. 정신분석에서 말하는 이른바 '대타자'로서 박정희 체제의 이데올로기와 그 사회, 그리고 그 구조가 있었다면, 그것을 현실에서 구현하는 수많은 '작은' 아버지들이 존재했다. 자신들의 신(대타자)을 믿으라고 부르짖으며 신의 뜻을 현실에서 구현하겠다는 구실로 신자들을 ATM 기계로 만드는 종교인들이 있듯이 말이다. 아버지가 마련해 준 돈을 봉투에 넣어 헌금할 때, 아이는 하나님의 뜻을 따르는 것이 아니라 신을 받드는 아버지를 따르는 것이다.

그러므로 당시의 소년소녀들은 박정희 체제와 이데올로기를 따랐다기보다는 박정희를 따르는 부모의 뜻을 받들었다고 봐야 할 것이다. 전쟁의 공포와 함께 남한에서 살아남기 위해서는 공산 괴뢰도당에 대한 적의와 전의를 갖지 않으면 안 된다는 것을 누구보다 절실하게 알고 있던 부모들이 아니었던가? 만약 당시의 부모들이 군사독재 체제와 그 이데올로기를 거부했다면, 그들의 자식인 80년대 학번들의 적의와 전의를 형성해 낸 에너지가 다른 형태로 더 다양하게 사용되었을 가능성이 많지 않았을까. 적의와 전의의 에너지의 발산 뒤에는 두려움과 불안 같은 잔여의 감정들이 남았다. 부모 세대의 고통과 어두움의 그림자가 여전히 존재하는 가운데 공포에 눌린 무기력함과 불안을 그들인들 어떻게 달랠 수 있었을까? 더 압도적인 공포에 질려 침묵하거나, 현재를 소외시키며 만들어 가야 할 미래의 약속에 눈멀 수밖에 없지 않았을까?

중산층이든, 가난한 집이든, 지금 4, 50대의 부모들은 어떤 이념에 사로잡혀 있다. 그들의 부모들이 전쟁을 겪고 그 두려움과 공포를 품은 채 박정희 정권의 독재 아래 납작 엎드려 살았던 사람들이었다면, 4, 50대는 개발과 발전의 강박에 사로잡혀 살아온 사람들이다. 그들은 곳곳에서 사회가 끊임없이 성장하고 있다는 말을 들으며 성장했다. 그리고 사회의 발전이 지체되면 큰일이라는 말도 수십 년째 들으며 자라 왔다. 근대화와 성장 제일주의의 경제개발 5개년 계획 시대에 어린 시절을 보낸 그들이 아니던가. 국가주도형 경제가 곧 성장의 동력이라는 개발주의 이데올로기에 사로잡혀 있는 4, 50대에게 그러한 개발계획은 의심할 수 없는 국가 시책이었고, 당연히 따라야 할 미래의 청사진이었다.

박정희 정권의 군사주의 문화와 그 폐해가 자연스레 내재된 그들은 신자유주의의 경쟁과 자본의 유연성에 다시 복속했다. 개발주의와 신자유주의는 무리 없이 공생할 수 있었다. 근대화를 통한 물질적 성공에 대한 욕망은 자본의 효율성과 개인의 사적 이익을 극대화하려는 신자유주의와 조우하여 그들의 유일한 이데올로기인 '먹고사니즘'이라는 하이브리드한 철통 세계관을 합성해 냈다.

지난 대선의 향방을 결정지은 이른바 '보수화된 4, 50대의 역습'에서 드러났듯 그들은 '저녁이 있는 삶'을 원하지 않았다. 국민소득 2만 달러의 시대에도 그들은 여전히 정시 출퇴근이라는 당연한 노동자의 권리를 요구하는 것 자체가 배부른 소리라고 생각하고 있다. 그것이 얼마나 비정상적인 삶인지 인식하지 못하는 사람들도 태반이고, 어느 정도 의식이 있더라도 지금처럼 무한 경쟁 사회에서 뒤처지지 않고 지금의 삶을 유지하며 살아가기 위해서는 어쩔 수 없지 않느냐는 생각을 하는 것 같다.

현재와 같은 노동 조건이나 임금 체계에서 '저녁이 있는 삶'을 바란다는 것은 백수가 되는 지름길이라고 말할 수도 있을 것이다. 그러나 한국과 다른 상황에 놓인 나라에서도 결국 사회적 합의를 통해 노동 조건과 임금 체계가 만들어진 것을 보면, 결국 개인이 선택을 통해 사회적인 변화를 이끌어 낼 수밖에 없다. 다른 삶의 방식을 '선택하는' 방법밖에는 없는 것이다.

어쩌면 우리의 골수에는 우리 삶을 계속 개발하고 발전시켜야 한다는 신념 체계가 남아 있는 것 같다. 그것은 물질적으로 더 나은 삶이며 남보다 더 잘사는 일이다. 신기술로 가득 찬 환경을 만들어 온갖 편리와 문명의 이기의 축복을 받아야만 '선진국' 대열로 입장이 가능하며, 그것이 남들만큼 사는 길이라 믿는 것 같다. 이것이 맞는다면 우리 사회가 말하는 인간의 발전이란 너무나 속물적이고 천박하다.

"사람이 발전이 있어야지!" 자라면서 수도 없이 귀가 따갑게 들어 온 말이다. 우리도 어떤 순간이 오면 주어 삼키는 말이기도 하다. 필자는 이 말에 전적으로 반대한다. 인간은 변화하고 성장할 수는 있어도 발전하는 것은 가능하지 않다. 변화와 성장의 다른 이름으로 발전을 사용한다면 모를까, 우리 사회가 사용하는 '발전'은 더 많은 재산이나 더 높은 성적, 더 강고한 권력을 쥐라고 독촉하는 것에 지나지 않는다. 성장은 어느 한 부분의 쇠퇴를 기반으로 하는 것이기도 하다. 건설과 혁신이라지만 사실은 파괴와 희생을 필요로 한다. 무엇이 파괴되고 희생되었는지, 그것이 과연 성장과 맞바꿀 만한 것인지 사실 우리는 모르지 않는다.

더 나은 미래가 있을 것이라는 환상 속에서 살고 있는 4, 50대가 왜 시골의 황토집을 이상향으로 생각할까? 왜 남자들은 케이블 TV의 〈나는 자연인이다〉라는 프로그램만 보면 입을 헤벌리고 시청하는가 말이다. 앞서 인용한 김종엽 교수의 글에서는 이런 현상이 우리 삶의 부박함을 보여 주는 가장 강력한 실례라고 말한다. 다른 삶의 방식, 개인의 개성과 사상이 실현되는 경우를 본 적도 거의 없고, 그런 것은 '철부지'들이나 하는 짓이라고 경멸하는 한국 사회에서 자기가 진정으로 원하는 삶의 모습은 아파트 아니면 시골 전원주택 그 둘 중에 하나로 가두어지고 만다.

미생이 '완생'이 되려면?

지금의 젊은 세대가 말하는 인생 최대의 환란이자, 한국전쟁과 함께 최대의 국난이라고 여겨지는 IMF 이후

20년 가까이, 한국 사회는 '종북'이라는 공포의 프레임과 함께 '생존'을 위한 '발전과 개발'이라는 강박에 체포되어 있다. 예를 들어, 한국의 출판 시장에서 자기계발서가 제외된 상황은 상상할 수가 없다.

현재의 2, 30대의 부모가 국가에 순응했다면 그의 자녀들은 체제의 완전무결함에 순응함으로써 자신을 증명하려 한다. 여기엔 '자기 계발하는 주체'라는 신자유주의 체제에 걸맞은 노동 주체의 출현이 자리 잡고 있다. 이들은 언뜻 들으면 멋지고, 굉장히 자유로운 것처럼 보이나 실은 자유의지를 자기를 착취하는 데 사용함으로써 자발적으로 체제에 복종하는 사람들이다.

자기 계발하는 주체는 금융 자본주의의 새로운 전개 방식에 딱 맞는 노동 주체의 한 유형이기도 하다. 창의성으로 무장하고 매 순간의 위기를 새롭게 극복하는 자본의 모습을 닮고 싶은 주체.

그러나 그들이 맞닥뜨린 일과 노동의 냉엄한 현실은 무엇인가? 바로 '대체되는 삶'이 아닌가. 오늘 나의 자리는 언제든, 누구든, 아니면 그 무언가에 의해 대체될 수 있고, 이 사회에서 나란 존재 또한 그러하다. 내가 하는 일은 그렇게 의미 없고 하잘것없는 것일 수 있다. 그렇다면 나란 존재를 언제든 대체될 수 있는 존재로 바라보는 조직이나 사회를 과연 신뢰할 수 있단 말인가. 지금 한국 사회의 2, 30대 직장인들 중에 과연 이런 생각을 하지 않는 사람이 있을까.

'대체되는 삶'은 단지 수사적인 표현이 아니라 노동 과정과 노동 유형과도 연결되는 문제이다. 숙련 노동자에 대한 의미 부여는 이미 사라진 지 오래고 일 자체에서도 인간의 위치는 새로운 기계나 기술에 의해 언제든 대체될 수 있다. 정년이 보장되는 일자리는 이제 거의 없다. 정규직도 비정규직을 보며 늘 '내 일자리도 다른 누군가에 의해 대체될 수 있다'는 불안을 안고 살아갈 수밖에 없다. 사회에서 모든 일과 노동이 이렇게 대체재를 늘 염두에 둘 수밖에 없는 상황이 될 때 출현하는 것이 바로 '대체될 수 없는 노동', '의미 있고 창의적인 일'이라는 환상이다. 그런 일을 찾기 위한 스펙 쌓기 경쟁과 자기 계발은 개인이 스스로를 착취하면서 대체될 수 없는 인간이라는 것을 증명하도록 만드는, 고도의 지배 방식이기도 하다.

일을 의미 있는 일과 그렇지 않은 일로 나누고, 의미 있고 좋아하는 일을 해야 한다는 '정언 명령'은 여기서 등장한다. 하지만 일은 그냥 일일 뿐이다. 지겹기도 하고 의미 있기도 하고, 하기 싫다가도 하고 싶은 것이 일이란 말이다.

언젠가부터 부모들은 입버릇처럼 "네가 진짜 좋아하는 일을 하라"고 말하기 시작했다. 사실, 자신도 한 번도 경험해 보지 못한 것인데 말이다. 부모들의 그러한 '환상적인' 정언 명령이 단지 그들의 머리에서 나왔다고 여긴다면 여전히 순진한 생각이다. 부모는 이미 자본화되었다. 개인의 특질이나 개성을 지지하고 발현할 수 있는 교육 여건이 갖춰지지 않은 상황에서 좋아하는 것을 찾는 일은 생각보다 쉽지 않다. 그것을 찾았다 하더라도 그 일을 잘해서 직업으로 삼는 것은 매우 어렵다. 게다가 그 좋아하는 일이 성공을 가져다준다는 보장도 없다. 더욱이 자녀가 좋아하고 하고 싶은 일이 사회적으로 높이 평가받는 일이 아닌 경우, 부모들은 언제 그랬냐는 듯이 말을 바꿔 버린다.

결국 '대체되는 삶과 대체 불가능한 삶'이라는 허구의 대칭 구도를 넘어설 수 있는 방법이 필요하다. '의미 있고 창의적인 기업'의 대명사로 평가받는 애플이 수십만 명의 노동자를 끔찍한 노동환경(장시간 노동, 저임금, 높은 심리적 압박)에 몰아넣어 아이폰과 아이패드를 만들어 내는 하청업체 폭스콘 없이는 존재할 수 없다는 사실을 우린 기억해야 한다.

모두 자신의 자유를 자발적으로 복종과 구속에 이바

지하는 데에 이토록 애쓰고 있음을 과연 인식이나 하고 있는가. 스스로를 착취하는 자유를 과연 다른 곳에 사용할 수는 없을까. 이처럼 한국 사회에서는 10대에서부터 중장년에 이르기까지, 독립된 개인으로 살아 본 경험을 가진 사람을 만나는 것은 희귀한 경험이다. 자기 생각, 더 분명히 말하면 '자기 마음'을 갖고 살아가는 사람을 만나기 어렵다.

우리는 종종 '삶은 만들어 가는 것'이라고 말한다. 하지만 진정 온당한 삶이 되려면 '자신이 살아갈 환경을 만들어 가는 것'이 되어야 하지 않을까. 어디에서 누구와 어떻게 어떤 공간에서 시간을 보내는가에 따라 우리의 삶이 채워진다면, 자신의 삶뿐만 아니라 거주하는 시간과 움직이는 공간, 그 속에서 함께 많은 것을 교환하고 호환하는 관계를 만들어 가는 것, 그것을 통해 온전한 자신의 삶이 형성될 것이다.

미생이 '완생'이 되려면 두 집을 만들어야 한다. 그 두 집을 직장과 가정이라고 치자. 바둑판 전체에 내 집 두 개만 달랑 남으면 그것이 '완생'인가? 그건 대패(大敗)다. 불계패라고 부를 수도 없다. 완생하겠다고 내 두 집만 아등바등 만들려고 하는 것이 지금 우리가 하는 일이라면 결국 우리 모두는 각자 고립되고 말 것이다. 큰 판에서 보면 결국 내 두 집만 남은 상태가 아니라 나로부터 시작해 모두에게 온당한 환경을 만드는 것, 함께 살아갈 환경을 가꾸기 위해 노력하는 삶, 그것을 연대라 부르고 '온생'이라고 이름하고 싶다.

3장

관계 중독

세대를 나눈다는 것이 온당한 것인지 모르겠으나, 기성세대로 불릴 만한 40대 중후반 이상이 유년과 청소년기를 보냈던 7, 80년대와 비한다면 지금 젊은 세대들이 맺고 있는 관계의 양상들은 그때와는 현저히 다르지 않나 싶다. 하지만 2015년의 한국을 살고 있는 우리가 맺고 있는 관계는 세대를 막론하고 거의 유사하다는 생각이 든다. 50대가 맺고 있는 관계가 20대가 맺고 있는 관계보다 더 인간적이냐, 더 끈끈하냐 하면 그렇지 않다는 말이다.

거래에 도움이 되는 관계

이제 세대와 상관없이 사람들 사이에 있는 관계의 점도나 밀도는 많이 흐려졌다. 치열한 경쟁으로 치달아 온 한국 사회에서 가족을 비롯한 유기적인 관계들마저 굉장히 느슨해졌고, 심지어 해체되어 가고 있는 느낌이다. 느슨하다는 표현보다는 차라리 무관심과 무책임이라는 말이 적당할 것 같다. 예전 같으면, 사촌 정도면 상당히 가까운 사이이고 친형제 못지않게 우애를 나누던 관계였는데, 지금은 사촌을 거의 만나지 않고 사는 경우도 많다. 젊은 세대라면 자신들의 취향이나 생활방식과 유사한 친구들이 친척보다 더욱 친밀하게 다가올 것이다. 일 년에 몇 번 만나지 않는 친인척을 챙기느니 차라리 그 시간에 자신에게 이득이 되는 누군가를 한 번 더 만나는 것이 삶에 도움이 된다고 생각한다.

'거래에 더 도움이 되는 관계'. 그것이 현재 우리가 맺고 관계를 확정 짓는 첫 번째 기준이 아닐까 싶다. 비즈니스에서만 그런 관계를 확인할 수 있는 것은 아니다. 지금 우리는 관계에서 발생할 리스크를 가능한 한 떠맡지 않으려고 한다. 대학 시절 내내 소위 '썸만 탔다'고 말한 젊은 친구는 카카오톡 때문에 썸을 타기 쉬워졌다고 했다. '썸 탄다'고 하면 서로에게 마음은 있지만 그것을 어떤 관계로 결정하거나 선택하지 않고 그 상태만을 지속하는 상황을 말한다. 예전 같으면 마음이 있어도 연락을 하기가 어려워 마음을 전하거나 관계를 이어 갈 시도조차 못하는 경우가 많았다. 그래서 자신의 감정이나 마음을 분명히 한 뒤 연락을 했다면 이젠 관계를 이어 줄 수단은 있기 때문에 상대의 반응을 살피고 확인하면서 자기 마음을 결정하겠다는 태도를 갖기 쉬운 것이다.

이러한 썸 문화는 2, 30대에서 가장 많이 소비된다. 그들 대부분이 대학생 또는 취업 준비생, 사회 초년병으로 아직은 삶의 중요한 결정을 유보하거나 그런 결정을 할 만한 조건을 확보하지 못한 상태인 경우가 많다. 그래서 여전히 불안하고, 늘 결정장애에 시달리며 자기감정을 확신할 수 없어 아슬아슬하게 서로 '밀땅'을 하며 줄타기를 한다. 이들은 대체로 SNS에서의 소통에 더 익숙하고, 오프라인의 실질적인 접촉은 주저하며 자신을 분명히 드러내지 못하고 '관계 맺기'를 두려워한다.

끊임없이 상대의 마음을 떠보고 확인하고 나서야 선택과 결정을 하려는 태도가 소위 썸의 속내가 아닌가 싶다. 말하자면 관계에서 발생할 수 있는 리스크, 이를테면 고백하는 자리에서 그대로 차이거나, 거절당하거나, 관계가 끊어지는 상황에서 발생하는 여러 가지 불이익, 감정적인 갈등과 고통 등을 감당하지 않겠다는 것이다. 또는 그 고통을 최대한 최소화하거나 또는 최대한 유예하려는 의도다. 마치 차가 출발하지 않고 공회전을 하면서 연료를 소비하는 것과 같다.

새로운 소통 수단으로 떠오른 SNS의 사용 방식을 보아도 관계에 대한 태도가 달라진 것을 알 수 있다. 또 다른 젊은 친구는 자신은 상태가 안 좋을 때 페이스북을 열심히 하고, 상태가 좋을 때는 끊고 지낸다고 말한다. 그런 사람이 그 친구뿐일까. 트위터에서는 자기 우울한 이야기만 하고, 페이스북은 자기 자랑을 하는 곳이라고 알려져 있지 않나.

이제는 누구나 자기 이야기를 하는 시대다. SNS를 봐도 시시콜콜 자기 이야기로 넘쳐난다. 텔레비전을 켜면 온갖 토크 프로그램에 연예인들이 나와 자신의 아픈 과거를 팔고, 같은 이야기를 이곳저곳에서 이야기한다. 이렇게 자기 이야기는 넘쳐나는데 정작 힘든 일이 있어서 누군가와 이야기를 나누고 싶어도 막상 이야기를 들어줄 사람이 없는 경우가 허다하다. 핸드폰의 연락처에 등록된 지인은 수백 명이 넘는데 막상 급할 때 누구에게 전화해야 할지 떠오르는 사람이 없다. 심지어 이런 고민에는 가족도 포함된다. 가족일수록 소통이 안 될 확률이 더 높은 것이 우리의 불행 중 하나다.

말은 많은데 관계는 없다. 그 어느 때보다 소통이 중요해졌고 온갖 대화법은 넘쳐나지만 대화는 부족하다. 실은 대화가 부족한 게 아니라 관계가 부족한 것이다. 우리가 만나는 사람은 예전보다 훨씬 더 많아졌다. 오프라인도, 온라인도 마음만 먹으면 많은 사람들을 만날 수 있다. 다양한 관계를 맺을 가능성은 굉장히 많이 늘어났는데 우리의 관계는 왜 더 깊어지지 않을까.

우리가 정말로 관심 있는 사람은 누구일까?

연대를 이야기하기 위해서는 사람들끼리 깊은 관계를 맺을 수 없는 현재의 상황을 좀 더 면밀하게 검토해야 한다. 좋은 관계는 마냥 즐겁고 상처 주지 않고 좋은 말만 한다고 해서 가능한 것은 아니다. 그렇다면 충실한 관계는 과연 어떤 것일까? 진정한 관계는 어떻게 가능할까? 우리가 관계를 제대로 맺지 못하는 것은 진정으로 중요한 관계가 무엇인지 알지 못하고 그것을 어떻게 맺어야 하는지 모르기 때문이다. 대표적인 것이 배우자와의 관계다. 정말로 많은 부부들이 자신의 배우자와 진정으로 나눠야 할 것은 나누지 않고, 그 때문에 발생하는 문제들을 다른 사람들이나 다른 관계를 통해 풀려고 하니 문제가 더 깊어진다.

진정으로 대화해야 할 상대와는 대화를 회피한 채 그 사람과 다퉈야 할 문제를 다른 사람에게 계속 옮겨 다니면서 이야기하고 있는 것이다. 번지수를 잘못 찾았으니 대화가 제대로 이루어질 리가 없다. 여기서 우리가 알아야 할 관계의 진실이 있다. 정말 깊은 고민은 사실상 누구와 상의할 수 있는 사항이 아니다. 그건 정말 기도하듯이 스스로 고민해야 하는 것이다. 어떤 기술적인 문제들, 이를테면 무언가를 실현하기 위해 필요한 기술적인 부분은 전문가와 상의할 수도 있고 그 일을 해본 선후배에게 조언을 구할 수도 있지만 말이다.

실은 많은 사람들이 심심한 것을 외로운 것으로 착각하는 것은 아닐까. 사실 심심해서 말할 상대가 필요한데 외롭다고 생각하는 것은 아닐까. 그 상태를 외롭다고 생각하면 그다음부터는 진짜 문제로 여기게 된다.

관계를 맺기 위한 기본적인 전제로 다음과 같은 질문을 던져 보았으면 한다. 그 사람은 나와 같은 고민을 하는가? 나와 같은 수준의 고민을 하는가? 그리고 나에게 관심이 있는가? 자기에게 관심을 가져 달라고 하면서 정작 자신은 타인에게 관심이 없거나, 자신은 1~2의 에너지를 투여하면서 상대방으로부터 4~5의 유익을 얻으려 한다면 이런 관계는 가능하지 않다. 사실 부모라고 해서 자식에게 모두 관심이 있는 것도 아니고, 친구라고 해서 더 동등한 관계를 주고받는 것도 아니다.

어쨌든 관계가 점차 희박해지는 가장 중요한 이유 중 하나는 관계란 다름 아닌 '관심'이라는 것을 놓치고 있기 때문이다. 다른 사람에 관심이 없는 사람들은 결국 자기 자신에게도 관심이 없다. 우리가 알아야 할 중요한 관계의 역설이다. 그런 이야기를 들으면 펄쩍 뛰는 사람도 있다. 내가 나한테 얼마나 관심이 많은데, 얼마나 고민을 많이 하고, 관계를 맺으려 노력하고, 상처도 많이 받는데… 그게 무슨 말이냐고들 한다.

겉으로 보기엔 그렇게 보일 수도 있다. 그러나 그들이 말하는 '자기'라는 것은 대부분 자신이 진정으로 접촉한 자기가 아니다. 대부분은 타인의 시선에 놓인 자기, 타인의 인정을 바라는 자기, 타인에게서 출발한 자기인 경우가 대부분이다.

무엇보다 타인에게 비친 자신의 모습에 더 신경을 쓴다면 결국 그의 관심은 자신에게 있는 것이 아니라 타인의 시선에 있다. 자신을 제대로 바라보거나 자신에 대해 진정 관심이 없기 때문에 타인에게도 진정으로 관심을 기울이지 않고 그저 저 사람은 나를 어떻게 생각할까에만 관심을 두는 것이다. 이는 곧 타인에게서 자신의 정당성을 확보하려 한다는 뜻이다. 그러니 더더욱 자기에게 관심이 없어진다. 자기 자신에게 진정으로 관심을 기울여 본 경험이 부족하다면 타인에게도 제대로 관심을 기울일 수 없다. 타인에게 관심이 있는 것 같지만, 타인이 나를 어떻게 생각하느냐에 초점이 있다면 진정한 자기를 알 수도 없고, 진정한 타인을 알 수도 없다.

관계의 결핍

관계의 본질은 어떤 면에서는 연대의 본질이기도 하다. 연대는 내가 맺고 있는 관계에 대한 깊은 관심과 애정이 전제되어야 하는데 그런 면에서 우리는 일종의 '관계 중독 사회'로 진입해 버렸다는 생각이 든다.

예를 들어, 알코올 중독자는 진정으로 술을 사랑하는 것이 아니다. 그들은 술에 취한 상태를 원하는 것이지 정말로 술을 원하는 것이 아니다. 생텍쥐페리의 《어린 왕자》에는 이런 대목이 나온다. 어느 날, 어린 왕자는 술주정뱅이가 있는 행성에 도착한다. 왕자는 술주정뱅이에게 왜 이렇게 술을 마시냐고 묻는다. 그러자 그는 술에 빠져 있는 자신이 너무 부끄러워서 그것을 잊기 위해서 술을 먹는다고 답한다.

이것이 관계 중독을 이해하는 중요한 단서가 될 것 같다. 요즘 젊은 친구들을 보면, 여자 친구나 남자 친구가 없는 것을 대단히 수치스러운 일로 생각한다. 마치 남들이 다 하는 중요한 것을 못 하고 있거나 사회적으로 굉장한 결격 사유나 되는 것처럼 말이다. 그런 친구들 중에는 누군가를 끊임없이 만나야 하고, 헤어지게 되더라도 얼마 안 돼 다시 금방 이 남자, 저 여자를 사귀는 경우도 많다. 어떤 특별한 자기 취향이 있기보다는 결국 자기에게 잘해 주는 사람을 찾아 헤매는 것이다. 정말 관계에 관심이 있어서 어떤 대상을 사랑하고 그 대상에 관심을 기울이는 것이 아니라 연애하는 나, 그런 관계를 맺고 있는 나를 확인하려는 상태가 바로 관계 중독이다.

다른 세대에게도 그런 현상이 나타난다. 예를 들어, 자녀에 중독된 부모들도 굉장히 많다. 대부분의 부모, 특히 엄마들이 여기에 해당되지 않을까. 아이들을 사랑해서 그런다고 하지만 그렇게 자식을 구속하고, 통제하고 자신의 뜻대로 움직이려 든다. 그것은 자녀를 사랑하는 것이 아니라 자녀에게 무언가를 얻으려 하거나 자녀를 통해 자기 존재감을 느끼려는 것에 가깝다. 그것도 어찌 보면 관계 중독의 한 양상일지 모른다. 결국 관계 중독의 핵심은 누군가를 끊임없이 찾아다니거나 곁에 두면서 자기를 확인하려 하는 것이다.

그렇다면 살아가면서 자신의 존재감이 분명히 인지되는 순간은 언제일까? 사실 존재감은 일상에서 쉽게 자각할 수 있는 감각은 아니다. 그리고 무엇보다 우리의 존재를 확인할 수 있는 방식은 무조건적이어야 한다. 예를 들면, "네가 그렇게 하니까 엄마는 널 사랑해, 네가 이렇게 하니 내가 너를 인정해 줄게" 하는 방식으로는 존재감을 확인받기 어렵다. 실존주의에서 이야기하는 것처럼 본질이 개입하지 않고 실존의 그 상태로 인정받아야 한다.

실존의 그 상태로 인정받는 경험의 예를 들자면, 자연만큼 그것을 확실하게 느끼게 하는 경우도 없을 것 같다. 인위의 영역을 넘어선 자연 앞에서 작고 초라함을 경험해 본 사람이라면 그 순간만큼은 자신을 확실하게 느꼈을 것이다. 즉, 거대한 자연 앞에서 자신이 한낱 미물이라고 느끼는 그때가 오히려 가장 확실한 존재감을 느끼는 상태다. 그때 자연은 우리에게 아무것도 요구하지 않으며 그저 있는 그대로 우리를 대할 뿐이다.

그러나 지금 우리가 맺고 있는 관계는 대부분 조건적이지 않은가? "네가 공부를 잘하니 아빠가 기분이 좋네"라고 말할 때도 자녀를 인정하는 것처럼 보이지만 사실 조건을 거는 것이다. 그런 식으로는 자녀의 존재가 완전하게 인지되지 않는다. 공부 잘하는 나, 애교 잘 떠는 나, 집안일 잘하는 나… 이런 나만 인정받는 것이다.

과잉은 곧 결핍이라고 했다. 관계 중독은 사실 관계의 결핍을 말하는 또 다른 이름이다. 늘 같이 있어야 하고, 늘 감정을 확인받아야 하고, 늘 인정을 바라는 상태. 진정한 관계가 없기에 이렇게 관계에 대해 많이들 이야기하고 요구하는 것이다.

우리는 지금 관계를 지탱해 주는 가장 중요하고 근본적인 것을 상실하지 않았을까 싶다. 연대를 말하기에 앞서 관계마저 너무나 미숙한 상태의 어른들이 모인 사회일 수도 있다는 생각을 지울 수 없다. 이쯤 되고 보면 자연스레 이런 의문을 떠올릴 법하다. 이토록 깊은 관계를 맺을 수 없는 상황에서, 관계에 서툰 우리들이 과연 어떻게 이런 상황을 견디며 살아가고 있냐는 것이다. 다들 외롭고, 힘들고, 고립되었다고 생각하지 않는가.

4장

대체물로 유지되는 삶

연대는 이성적이고 합리적인 판단을 배제하지 않지만 그것만으로 설명될 수 없는 지점이 있다. 바로 집합적인 열광이나 집단적인 경험이다. 그런 경험이 유무형의 공동체와의 접촉을 가능하게 하며 공감이나 정서적인 결합을 가져온다. 앞서 386세대의 경험에서 중요한 것이 바로 역사적 경험을 집단적으로 했던 세대라는 점이다. 그것은 어떤 식으로든 연대의 근거가 될 수 있다.

최근 벌어지는 몇몇 사회적인 현상을 살펴보면, 관계를 통한 정서적인 경험들이나 연대로 발전될 수 있는 어떤 삶의 에너지나 활력이 다른 통로로 또는 왜곡된 방식으로 분산되어 연대 자체를 불가능하게 만들고 관계 자체를 불모로 만들고 있다는 느낌이 든다.

먹방, 유사 가족, 유사 식사

그런 의미에서 몇 년 전부터 인터넷 문화로 자리 잡은 '먹방'에 주목하고 싶다. 이제 온갖 방송 프로그램에서는 먹방이 넘쳐난다. 먹방은 말 그대로 먹는 모습을 보여 주는 방송을 말하는데 인터넷을 통해 개인 방송이 가능해지면서 비제이(BJ, broadcasting jacky)들이 먹는 모습을 방송한 것이 커다란 인기를 끌게 되었다. 먹방을 보여 주는 비제이와 시청자들은 실시간으로 채팅이 가능하고, 미션 수행을 요구하기도 하며, 유료 아이템으로 보상을 해주고, 서포터즈로 나서기도 한단다. 비제이 중에는 연예인 못지않은 인기를 누리는 이들도 있다.

먹방을 만들어 낸 배경에는 이른바 '혼먹'(혼자 먹기)이 있다. 1인 가구의 급증으로 혼자 밥 먹는 사람이 늘면서 혼자 밥 먹기 심심하거나 친구가 필요한 사람들이 먹방을 보며 외로움을 달랜다는 것이다. 실제로 먹방을 즐겨 보는 2, 30대들은 혼자 식사를 하는 일에 익숙하다. 고시원이나 도서관에서 공부하다 보면 혼자 끼니를 때울 때가 많고 약속을 만들기 부담스럽거나 비용 절감 차원에서 혼자 식사를 하게 된다. 그런 사람들은 다른 사람의 먹는 모습을 지켜보거나 그것을 보며 식사를 하는 것으로 위안을 얻는다는 것이다.

외국 언론에서는 먹방을 두고 '푸드 포르노'라며 다른 이의 식탐을 관음하는 풍조에 놀라움을 표시한다. 먹방은 확실히 우리에게도 생경한 일이다. 사실 혼자 밥 먹는 모습을 보여 주거나 다른 사람이 음식 먹는 모습을 빤히 지켜보는 것은 자연스러운 상황도 아니고, 예의 또한 아니다. 게다가 혼자 밥 먹는 일은 왠지 어색하고 부끄러운 일로 여겨진다. 한국 사람들에게는 홀로 밥숟가락을 들거나 공동체가 아닌 곳에서 혼자 밥 먹는 일은 일종의 탈락자라는 의식을 준다. 가족을 대신 했던 '식구'(食口)라는 말에서처럼 밥 먹을 사람이 없다는 것은 어떤 불안한 상태로 여겨진다. 그러니 같이 먹을 사람이 없으면 먹방이라도 봐야 한다.

이런 의미에서 먹방은 같이 밥 먹는 식구를 상상하는, '유사 가족'을 만드는 행위라 할 만하다. 음식을 통해 관계의 욕구를 해소하는 일종의 마스터베이션이라고도 말할 수 있을 것 같다. 포르노를 보면서 마스터베이션 행위를 하는 것처럼 다른 사람이 음식 먹는 것을 지켜보면서 자기도 같이 먹는 것이 유사 식사 행위다.

먹방을 지켜본다는 것은 다른 사람이 밥 먹는 모습을 빤히 지켜보면서 식욕이라는 자극 앞에 자신을 노출시키는 일이다. 그러나 한편으로는 먹는 것을 보는 행위로 대리 만족함으로써 실제 자신의 욕구는 억압하는 행위이기도 하다. 이것은 억압이 일상화된 우리 삶의 민낯이 식욕이라는 원초적인 욕구에서도 드러나고 있음을 보여 준다.

'썸' 타면서 끊임없이 상대의 마음을 알고자 하지만 정작 자신의 감정을 모르는 경우가 허다하고, '으리'를 소리 높여 외치지만 인간관계에서 신뢰는 바닥난 지 오래다. 핸드폰을 붙잡고 살며 카톡과 밴드에, 트위터에 페이스북으로 관계 맺기를 시도하지만 이야기를 들어주는 사람이 없다며 소통 불안에 허덕인다.

식욕이라는 원초적인 욕구든, 관계의 욕구든 자신의 진정한 욕구를 해소하지 못한 채 그것을 대체하는 유사 관계나 유사 행위들을 끊임없이 만들어 내고 있다.

그렇게 우리의 욕구는 해결되지 않고 계속 지연되거나 유예되면서 욕망의 기대치는 더욱 커져 가고 있다. 거짓된 해소가 만들어 낸 내성에 더 강한 자극과 보상을 기대하게 되기 때문이다. 이런 대체물들이 번성할 때 자신의 욕구가 무엇이었는지 점점 망각하게 된다. 값싼 대체재에 익숙한 사람들이 취향을 가질 수 없는 것처럼 말이다. 그럴 때 삶은 점점 공허해지고, 뭔가 계속 노력하는데도 해결되는 것은 없는 막막함에 다다른다.

결국 자신의 욕구에 대해 진정으로 관심을 갖거나 자기에게 시선을 돌리지 않는 허위의 삶이 문제인 것이다. 억압적인 사회 구조와 맞물리면서 허위의 삶은 어떻게 만들어지는지 성찰하지 않으면 안 된다. 연대의 출발점은 결국 자기 자신에게 충실한 삶, 자기와의 연대가 먼저 일어난 삶이며 이를 통해 허위의 삶으로부터 벗어나 자기 자신에 대한 관심과 확장으로 타인에 대한 관심이 일어나는 것이 진정한 연대이기 때문이다.

교육과 유사 현실

20대, 중산층 부모를 둔 친구들, 경우에 따라서는 30대 초반에 중산층 부모를 둔 친구들 사이에서 주로 나타나는 무기력을 지켜보면, 교육이 과연 이들에게 무슨 짓을 한 것인지 되묻고 싶어진다. 이른바 '과잉 교육'은 현재 고학력자의 니트(NEET, not in education, employment or training) 현상을 가속시키는 주요 원인이기도 하다.

과잉 교육을 통해 성장한 20대는 여러 가지 일에 흥미를 느끼고 뭐든 할 수 있을 것 같은데, 실제로는 아무것도 할 수 없다는 것에 좌절한다. 어떤 일을 지속하기에는 자신의 동력이 약하거나 그 근원이 모호하다. 늘 누군가의 권유와 기대에 부응해 무언가를 해왔기 때문이다. 말하자면 오롯이 자신의 선택으로 무언가를 해본 경험이 없는 것이다. 요즘 많은 20대에게서 반복되는 조울증과 같이, 막 무언가를 하는 시기가 있는 반면 아무것도 하지 않는 상태가 반복되는 상황도 자주 목격된다. 물론 여러 요인이 있겠지만 개인사를 들어 보면 어렸을 때부터 사교육에 노출되어 온갖 학원의 세례를 받은 이들이 태반이다. 이들은 교육을 통해 다름 아닌 자기 자신을 빼앗긴 것이다. 자신이 무엇인지, 어떤 사람인지, 자신에 대한 실체감, 삶에 대한 실체감을 강탈당했다.

어려서부터 부모, 특히 엄마의 지나친 개입과 함께 온갖 사교육이 개입되면서 그야말로 실제 자기라는 것이 만들어질 시간조차 없었다. 어려서는 뭐든 곧잘 하고, 뭐든 흥미로워 보였고, 뭐든 할 수 있을 것 같았다. 그러나 그것이 오래 가지는 않는다. 그것은 정말로 외부에서 주어진 자극이기 때문이다. 많은 부모들의 착각 중 하나가 좋은 자극을 많이 주어야 한다는 것인데, 좋은 자극도 지나치면 독이 된다.

'과잉 교육'의 문제를 비롯해 한국에서의 교육이란 그것에 의존하면 할수록 실제의 문제 해결에서 점점 더 멀어지게 만드는 이상한 블랙홀이다. 교육, 학벌, 공무원 시험 등은 그들을 도와줄 무엇인가가 아니라 그들이 현실과 마주할 것을 유예하고 회피할 수 있는 좋은 구실이 되고 있다.

최근 연구에 따르면, 현재 문제가 되고 있는 청년 실업과 니트족의 증가 원인은 이중 노동시장 구조■에 기인한 것으로 보인다. 그런데 이중 노동시장 이전에 이중 현실이 있다는 것도 고려해야 한다. 대학만 나오면 다 될 것 같은 '가상현실'과, 학벌과 스펙이든 뭐든 있어도 좋은 일자리 자체가 없고 고용 자체가 증가하지 않은 '실제 현실' 말이다.

교육을 받을수록 학벌에 얽매이고 체제 통합적인 이데올로기에 순응하거나 순치(馴致)되어, 실은 자신들이 본 현실의 간극을 제대로 인식하거나 구조적인 문제로 바라보지 못하고, 그저 자신이 뭔가 더 노력하지 않거나 못나서 경쟁에서 밀렸다고 생각하도록 되어 있다.

이제 많은 젊은이들이 1등이 아니면 모두 '세대 내 경쟁의 패배자'로 살아가야 한다고 생각한다. 경쟁이 일상

■ 노동시장이 상대적으로 높은 임금과 노동 조건, 고용 안정, 승진 기회 등이 양호한 1차 노동시장과 임금이나 노동 조건이 열악하며 승진 기회도 적고 노사관계는 제도화되어 있지 않은 2차 노동시장으로 나뉘어 있는 것을 말한다.

이니 삶 자체가 '열폭'(열등감 폭발)인 셈이다. '비교'를 통해서 스스로를 완성시키는 데 아주 익숙한 이들은 비교하고 남을 '평가절하'하여 스스로에게 만족을 주는 행동을 지속적으로 학습해 왔다. 그래서 다른 사람과 뭔가를 함께하며 자신을 확인하기보다 고립을 선택하려 한다.

이들은 위기 상황의 근본 원인을 '부족한 자신'에서 찾는다. 그 원인을 내부에서 찾을 경우, 구조로부터 쉽사리 벗어날 수 없다고 느끼는 나머지 그들은 이 문제를 적극적으로 해결할 마음이 생기지 않기 때문이다. 사회적 차원에서 그 원인을 찾기에는 그들이 접한 사회는 너무나 뻔해 보인다. 가족을 떠나 이들이 만나는 또 다른 사회는 학교 또는 또래 집단인데 이곳은 자신을 보호하기보다는 사회적인 공포를 가르치고 전염시키고 배포하는 곳이다. 이들이 경험한 1차적인 공포에 경쟁이라는 기제가 더해진다. 사회적인 압력이 효과를 발휘하는 것은 경쟁이라는 기제가 이들의 삶을 먹어 버렸기 때문이다.

그러니 생각할 수 있는 유일한 문제해결 방법은 '일단' 살아남을 방법을 찾는 것이다. 공포로부터 자신을 방어하고 보호하려는 최소한의 방어를 넘어 어떤 이들은 타자를 향한 분노와 증오심으로 자신의 두려움과 분노를 해결하려 한다. 그러면서 기존의 구조에 더욱 억압된다.

이렇게 해서 연대가 자리할 곳은 요원해 보인다.■

'크림빵 사건'의 해결사들

임신한 아내를 위해 한 20대 가장이 크림빵을 사들고 집으로 향한다. 하지만 이 가장은 끝내 사랑하는 아내에게 크림빵을 전달하지 못하고 사고로 숨지고 만다. 이야기만으로도 가슴 아픈 사건이다. 이른바 '크림빵 뺑소니 사건'의 전말은 이렇다.

출산을 앞둔 아내를 위해 강모 씨는 크림빵을 사들고 집에 가던 중 교통사고를 당해 사망했다. 강모 씨는 29세의 젊은 나이로 2014년 10월 결혼했다. 경제적 어려움 때문에 트럭 운전을 시작하게 됐지만 아내와 행복한 신혼생활을 이어 갔다. 강모 씨의 아내에 대한 사랑은 극진했다. 사고 전 강모 씨는 아내와 통화하면서 "당신이 좋아하는 케이크는 못 사고 대신 크림빵을 샀어. 그래도 우리 새별이한테만큼은 훌륭한 부모가 되자"고 말했다. 이것이 강모 씨와 아내가 나눈 마지막 통화였다. 도로에서 흰색 차량이 강모 씨를 치고 달아났다. 나중에 지나가던

■ 이 글은 공공상담소와 서울시청년허브가 공동으로 진행한 〈청년 NEET 문제 해결을 위한 연구(2013)〉를 참조했다.

택시 기사가 쓰러진 남편을 알아보고 신고를 했을 때는 이미 늦은 상황이었고, 사고 현장에는 남편이 들고 있던 크림빵이 뭉개진 채 흩어져 있었다.

사고 현장을 찍은 CCTV가 흐려 용의 차량을 제대로 판독하지 못해 경찰이 수사에 난항을 겪고 있다는 것이 전해지자, 한 온라인 자동차 커뮤니티 회원들은 CCTV 화면을 분석해서 도주 차량의 차종과 번호판 일부를 추적했고 사건 정보를 온라인 커뮤니티와 SNS를 통해 실시간으로 소통하며 공감대를 확산시켜 나갔다. 이렇게 시민들이 발 벗고 나서자 언론이 뒤따랐고, 경찰은 범인 검거에 집중하게 된다. 경찰과 유족은 현수막을 내걸고 신고 보상금과 현상금을 내놓기까지 했다. 그 결과 결정적인 제보가 이어졌고 끝내 범인은 자수하기에 이른다. 네티즌들이 예상한 차종은 아니었으나 사건의 전 과정에서 보여 주었던 그들의 노력을 무시할 수는 없다.

소위 '네티즌 수사대'의 위력은 익히 알려진 일이다. 물론 주로 연예계의 가십을 파헤치는 일이나 마녀 사냥식의 신상 털기의 행태들로 부정적인 평가를 받는 것도 사실이다. 하지만 인터넷 커뮤니티를 비롯한 온라인에서 한 분야에 전문지식을 가진 사람들이 모여 정보를 교류하고, 토론하면서 생산적인 결과를 향해 나아간다면 온라인은 소위 집단지성이 빛을 발하는 공간이 될 수도 있다. 아직까지는 많은 인터넷 커뮤니티들이 관계의 대체물이나 유사 관계를 만들어 내는 경향이 더 강하다.

'크림빵 아빠' 사건에서는 주목해야 할 부분이 많다. 네티즌들이 다른 어떤 사건보다 이 사건에 관심을 기울였고, 온라인을 통해 다양한 정보를 공유하며 사건 자체를 공론화시켰다는 점들이 특히 그렇다.

이 사건은 청년 실업, 양극화, 빈곤의 문제 등 현재 한국 사회가 안고 있는 문제들을 모두 모아 놓은 것처럼 보인다. 피해자인 강 씨와 아내 모두 사범대를 졸업했지만 집안 사정이 넉넉하지 못해 임용고시를 포기하고 생계를 위해 화물차 운전을 해야 했고, 아내는 임신으로 임용고시 준비를 포기할 수밖에 없었다. 돈이 없어 케이크 대신 크림빵을 사야 할 만큼 가난하지만 열심히 살아서 태어날 아이에게 부끄럽지 않은 부모가 되기를 꿈꾸었던 한 아름다운 부모의 슬픈 이야기. 취업난과 경제적인 어려움에 연애도, 결혼도, 출산도 포기해야 하는 젊은 세대들에게 '크림빵 아빠'의 이야기는 결코 남의 이야기로 다가오지 않았을 것이다. 남성 회원들이 주로 활동하는 중고차 관련 커뮤니티 회원들이 나선 것도 우연이 아니다. 실제로 '크림빵 아빠' 사건에 대한 회원들의 관심은 가히 폭발적이었다.

'크림빵 아빠' 사건의 전개 과정을 지켜보면 무엇보다 피해자의 사연이 현재 한국 사회를 살아가는 사람들의 어떤 감정적 임계치를 건드렸다는 생각이 든다. 크림빵 아빠는 사실 취업 경쟁과 실업난에 삶의 벼랑까지 몰린 많은 젊은이들의 모습이다. 어쩌면 누구라도 크림빵 아빠와 같은 상황에 놓일 수 있다는 두려움과 분노가 자리 잡고 있는 것은 아닐까? 아마도 온라인 커뮤니티를 통해 드러난 많은 사람들의 관심과 지지는 거기에서 비롯된 도덕적 연대감일 수도 있다. 그러나 그런 연대감마저 현실에서는 희귀한 일이 되었다.

정도는 다르지만 우리는 이것과 유사한 사건을 매일같이 접한다. 대부분의 서민들이 피해자나 약자의 입장에 놓인 경우가 많다. 그럴 때 사람들은 자신을 피해자나 약자의 위치에 두고 '키보드 워리어'가 되거나 '깨시민'으로 변신하여 가해자의 악덕을 파헤치고, 피해자의 상황을 소소한 것까지 널리 전파하며, 처벌과 응징, 보상을 열정적으로 요구한다.

하지만 이렇듯 사회적 문제에 대해 자신을 피해자나 약자에 둔다고 해서 문제가 달라지는 것은 아니다. 어쩌면 문제의 원인은 사실 가해자나 갑의 위치에 놓인 개인이 아니라 거대 구조인 경우가 대부분이기 때문이다.

그러나 우린 자신을 피해자나 약자의 입장에 두고 가해자나 강자의 입장에 놓인 사람들을 도덕적으로 비난하는 일로 자신이 해야 할 몫을 다 했다고 생각하는 것은 아닐까. 가해자나 강자를 비난한다고 해서 그들을 만들어 낸 구조가 바뀌는 것은 아니다. 오히려 그런 구조가 존속된다면 우리도 언젠가는 가해자나 강자가 되거나 '갑질'을 하는 자리에 있을 수 있다. 또 다른 피해자와 약자, 을을 만들어 내면서 말이다. 달라지는 것은 아무것도 없다.

우린 여전히 그 분노를 어디에, 어떻게 표현해야 자신들이 맞닥뜨린 문제를 해결할 수 있는지 그 방법을 모르고 있다. 그래서 많은 사람들이 체념하거나 포기하고 침묵하는 것이 아닌가. 현재의 상황은 정치철학자 지젝이 예이츠의 시를 인용해 표현한 것처럼 "가장 선한 자들은 모든 신념을 잃고, 반면 가장 악한 자들은 격정에 차 있는" 그런 상황이다.

우리 삶의 근간을 위협하는 본질적이고, 거대한 문제들에 공동으로 직면해 있다는 사실. 그것이야말로 우리가 함께해야 할 분명한 이유, 우리가 연대해야 할 이유임에도 불구하고 우린 여전히 고립된 채, 다른 누군가와 손을 맞잡고 있지 못하고 있다.

3부

연대를 위한 첫걸음

연대라고 하면 무엇이 떠오르는가.

'연대'에 대한 이론적인 정의를 떠나 일단은 누군가와 함께 손을 맞잡는 이미지가 떠오를지 모른다. 고립의 상태에서 벗어나 다른 누군가와 함께하려는 의지를 갖고, 그 의지를 구체적으로 표현하는 것이라고 말할 수도 있다. 연대라고 하면 사회적인 차원을 먼저 떠올리게 되지만, 개인적 차원에서의 연대와 심리적 의미로서의 연대, 사회적인 차원의 연대로 나누어서 생각할 수도 있다.

한국에는 '참여연대'라고 하는 대표적인 시민 단체가 있다. 참여와 연대, 이 둘을 포괄하여 '사회 참여(Social Engagement)'라는 개념으로 구체화시킨, 우리가 이야기하려는 연대를 사회적인 형태로 구체화시킨 형태라고 할 수 있다. 이처럼 사회적인 운동, 사회적인 형태로서 구체적이고 직접적인 행동을 하는 단체도 있지만 개인에게 일어나는 연대는 꼭 그런 방식이 아닐 수도 있다. 사실 연대의 의미는 한 개인이 처한 조건이나 사회 · 정치적인 상황에 따라 굉장히 다르게 다가온다.

1장

연대에 대해 사람들이 느끼는 감정

우리는 흔히 연대, 혹은 사회 참여를 떠올릴 때면 어떤 구체화된 형태의 조직을 만들어야 하고, 그 안에 소속되어 조직적으로 움직여야 한다고 생각한다. 물론 지금까지 한국 사회가 사회적인 힘과 분명한 목적성을 가지고 어떤 것에 대항하는 집단이나 단체로 연대할 것을 강조했던 것은 사실이다. 우리가 연대를 떠올릴 때 그런 이미지가 먼저 떠오르는 것은 그것만이 연대의 거의 유일한 방식이라고 생각하기 때문이다.

물론 그러한 연대의 방식이 사회운동으로서 많은 성과를 이루었고, 그 방식으로 활동해 온 여러 단체나 조직이 상당한 역할을 한 것은 분명하다. 다만, 그런 세력들이 집단이나 조직의 형태를 갖춰 힘과 권력을 가지고 대항하려는 성격으로 흘러왔기 때문에 연대를 지금까지도 일정 부분 사회운동이나 현실 정치 지향적인 행위의 집합으로 간주한다.

그런데 90년대 중반 이후부터 사회운동이나 조직으로서의 연대에 대한 대중의 피로감이 많이 누적되었다. 사람들은 이제 연대라는 말을 들으면 조직이나 운동에 대한 거부감과 저항감을 먼저 느낀다. 실제로 2008년 촛불집회에 모인 대중은 운동권의 깃발을 내려놓으라고까지 말하지 않았던가. 사실, 당시에는 어떤 정치 세력이나 운동 단체도 중요한 영향력을 발휘하지 못했었다.

독립영화 〈고갈〉로 유명한 김곡 감독이 90년대의 대표적인 독립영화 〈파업전야〉라는 영화를 보고 쓴 칼럼을 읽은 기억이 난다. 그는 영화를 보고 이렇게 말했다. '영화적으로 너무 뛰어나고 놀라운 경험이었고, 무엇보다 노동운동에서의 파업을 하는 조직의 힘을 잘 보여 주었다. 하지만 감동한 만큼 어떤 저항감도 들었다. 당시의 운동권, 조직화된 어떤 행태가 그다음 세대, 거기에 참여하지 않은 사람들과 잘 섞이지 못한다는 생각도 들었다. 80년대는 조직과 운동을 통해 무언가를 만들어 내는 시대였

다면 지금의 우리는 조직이나 연대에 대한 극도의 거부감을 갖고 있다.'

78년생인 김 감독은 〈파업전야〉(1990년)를 개봉관에서 봤던 세대는 분명 아니다. 〈파업전야〉의 영화적인 성취와 당시 시대 상황 속에서 영화의 상징적인 의미를 이해한다 해도, 소위 80년대식의 조직과 연대 방식에 대해서는 공감하기 어려웠을 것이다.

연대를 생각하는 방식에서도 세대에 따라 많은 차이가 난다. 소위 386세대와 함께 시민 단체를 만들었던 주도 세력들, 또는 지금의 대안학교를 만들었던 486세대들은 역설적이지만 과거의 집단주의적인 교육과 사회 분위기의 영향을 가장 많이 받았던 사람들이다. 어떤 위계 질서와 조직적인 활동, 이런 것들이 '내면화'된 사람들이다. 진보냐 보수냐를 떠나 그들은 집체적인 모임이나 구체화된 세력이나 조직이 있어야 일이 된다고 생각하는 세대다.

반면, 앞서 말한 김 감독처럼 80년대 이후 세대들, 한국 사회에서 흔히 말하는 대량 생산과 자본주의가 완전히 공고해지고 농경사회가 갖고 있었던 공동체의 기억들이 거의 사라진 세대에게는 '왜 저렇게 꼭 모여서 동일한 구호를 외치고 누군가 선창하면 세 번 후창하고… 똑

같은 매스게임 같은 몸짓을 하는 것인지' 의문을 가질 만도 하다. 북한에서 김일성이나 김정일을 위한 매스게임을 보는 것과 별 차이가 안 나는 기시감 같은 것도 느껴진다. 80년대 이후에 태어난 세대는 대거 사회 속으로 진입하면서 단체적인 연대, 즉 행동 강령이 있고 그것에 따라 조직적으로 움직여야 한다고 생각하는 이런 규율적인 연대에 어떤 거부감을 호소하는 것 같다. 그들의 이런 거부감은 고등학교 내내 교련과 교내 열병식을 치르며 자랐던 이전 세대와는 성장 환경이 다른 데에서 기인한다. 즉, 단체와 집단과 조직이 선도하는 운동 형태의 연대뿐만 아니라 자발적이고 일상적이며 정서적 연결감을 보장하는 감각적인 연대를 고민해야 할 시점이다.

참, 착하시네요!

그동안 사회적인 연대를 고민했던 사람들이 연대를 매우 당위적이고, 형식적인 차원으로만 접근한 것은 아니었을까. 젊은 세대의 변화된 감수성을 비롯해, 90년대 이후 변화된 대중의 인식과 의식의 변화에 둔감한 것은 아니었을까 싶다.

사실 이제 사람들은 자신의 문제를 그런 조직이나 사회단체가 해결해 줄 것이라 믿지 않는다. 설령 자신들의 문제가 사회적인 것이라 하더라도 시민 단체의 도움을 받거나 조직적인 활동에 나서는 것은 여간해선 쉽지 않다.

20대 중반에 NGO 단체에서 활동하는 한 친구는 자신의 재미난(?) 경험을 들려주었다. 하루는 보험 영업을 하는 분의 전화를 받았다. 다른 때 같으면 길게 설명을 듣지 않고 둘러대고 전화를 끊었겠지만 그날은 웬일인지 안내원의 통화를 듣고만 있었다. 보험 상품에 대한 설명을 어느 정도 하고 나서 직업이 무엇인지 묻길래 시민 단체에서 일한다고 했다. 그랬더니 대뜸 "참 착하시네요"라는 대답이 돌아왔다고 한다. 듣기에는 칭찬처럼 느껴지긴 했지만 기분은 왠지 석연치 않았다. 살짝 황당하기도 했단다. 그 친구가 착하기 때문에 그곳에서 일하는 것도 아니었고 착한 사람이 되기 위해 일하는 것은 더더욱 아니었다. 더욱이 착한 사람들에 대해 갖고 있는 생각 중에는, 마음은 착할지 모르지만 세상사를 잘 모르거나 순진한 사람이라는 잣대가 있다는 것도 알고 있었다. 게다가 무엇보다 현실에서 '착한' 사람들은 '무능한' 사람을 말하는 경우가 많지 않은가.

그 친구는 소위 '활동가'들에 대한 사람들의 숨은 생각을 엿보게 된 것 같아 씁쓸했다고 한다. 그들의 생각을 풀어 보자면, "뭔가 좋은 일을 하는 것 같지만 그것이 굉장히 와 닿거나 자신들에게 도움이 되는지는 분명치 않고, 설령 그렇다 하더라도 선뜻 기대거나 힘을 빌릴 정도로 대단해 보이지도 않는 사람들" 정도랄까? 아마도 '착하다'는 말의 함의는 그런 것이 아니었을까 싶다.

서울에서 저소득층이 모여 사는 동네를 중심으로 지역 활동을 하는 활동가 한 분이 들려준 고민도 실은 이것과 연관되어 있다. 지역에 공부방을 만들어 방과 후 아이들을 돌보아 주면서 부모님들과 안면도 트고, 어려운 일이 있으면 찾아오기도 하면서 어느 정도 관계를 형성했다고 생각했는데 막상 지역 운동가들이 그 지역의 현안을 다투는 문제에서 지지를 원했을 때 부모들은 그들을 지지하지 않았다고 한다.

물론 부모들의 사정이나 태도에 문제가 있을 수 있다. 부모들은 돈 있고, 힘 있는 사람들을 통해(조금 때가 묻었더라도) 자신들의 문제를 해결하는 것이 더 빠르다고 생각했을지도 모르겠다. 그런 면에서 활동가들이 도덕적으로는 올바를 수 있겠으나 현실적으로 무능하다는 반증이 아닌가 싶다. 한편으론 시민 단체가 얼마나 대중 속에 뿌리내리지 못했는지 보여 주는 단적인 사례라고도 할 수 있다.

엘리트들의 모임?

한국에 시민 단체는 많지만 시민운동이 실질적으로 시민들 속에 자리하지 못했다는 점은 여전히 숙고해야 할 문제다. 활동가 위주의 시민 없는 시민운동, 이슈 중심의 시민운동, 실질적인 연대의 결여 등 시민운동의 한계에 대한 비판은 여전히 유효하다.

유감스럽게도 그동안 시민 단체는 시민들 속에 자리한 것이 아니라 한때 '대항적'이었던 명망가나 학벌 위주의 엘리트들이 만들어 낸 모임인 경우가 많았다. 기존의 운동권이나 시민 단체를 주도해 온 사람들 중에는 소위 명문 대학을 나온 사람들이 많았고, 그 내부의 학벌주의는 여타의 조직과 다를 것 없이 여전하다는 것은 불편한 사실이다.

필자가 80년대 지역에서 학생운동을 할 때 서울에 있는 이른바 메이저(?) 대학의 총학생회나 언더(Under)에서 일하는 사람들을 만나야 할 일이 있었다. 당시 소위 피디 계열이 총학생회를 장악한 학교들, 즉 성균관대나 동국대 등에도 많이 가게 되었는데, 가장 잊지 못할 충격적인 경험을 한 곳은 고려대학교 총학생회였다.

당시 총학생회 사무실은 학교 정문에서 왼쪽 편에 있는 학생회관에 있었다. 사무실 문을 열고 들어갔을 때 학생회 간부들이 모두 양복을 입고 있는 모습부터 놀라웠다. 특별한 행사가 있었는지 모르겠으나 87-88년 당시에는 일상적으로 가투(街鬪)가 있고 학내에서 집회가 있던 시기라 언제든 기자회견을 할 준비가 되어 있다는 느낌을 받았다. 그러나 한편으론 정치인 행세를 하는 것처럼 보이기도 했다. 총학생회 사무실 분위기도 생소하기 이를 데 없었다. 우리 학교의 총학 사무실은 한쪽엔 '꽃병'(화염병)을 몇 박스 쌓아놓고, 밀어서 인쇄하는 등사기로 누군가 유인물을 만들고, 한쪽에서는 손으로 대자보를 쓰는 친구가 있고… 그야말로 난장판이었다. 그런데 고려대학교 총학 사무실은 언제든 외부 손님을 맞고 기자회견을 할 준비가 되어 있다는 느낌이 들었다.

그러나 이런 분위기보다 더 놀랐던 것은 필자를 대하는 그들의 태도였다. 어떤 이유로 그곳에 왔고, 어디서 왔는지 이야기했음에도 그들에게서는 동지를 대하는 친절함을 전혀 찾아볼 수 없었다. 그들은 별 관심 없다는 듯이, "그럼, 어디로 가보셔야 될 텐데요"라며 무관심으로 일관했다. 말하자면, 필자는 지방에서 학생운동에 몸담고 있는 학생으로서 그들에게 연대의 손길을 내밀었던 것인데, 그들의 반응은 그런 식이었다. 연세대 총학생회 역시 다를 바가 없었다(사실 여기는 우리를 더 차갑게 대했다). 흥미로운 것은 이른바 학교의 '명성'이 떨어진다는 대학교일수록 더 친절하고, 더 다정하게 우리를 대접했다는 사실이다.

필자는 단지 그때 우리를 대했던 그들의 태도를 문제 삼으려는 것이 아니다. 필자가 알기로는 당시 서울대, 고려대, 연세대 총학생회에 있었던 사람들 중에는 이후에 정치인이 되거나 시민 단체에서 일한 사람들이 많았다. 그 이후 그들이 어떤 삶의 변화를 겪었고, 대중을 대하는 방식들에 어떤 변화가 생겼는지, 진정한 연대를 하기 위해 어떤 노력을 기울였는지는 알 수 없다. 그러나 그때 받은 인상으로 본다면, 그들이 과연 일반 대중과 연대할 자세를 갖추었는지, 그런 사람들이 만든 조직이나 단체가 연대를 어떻게 구체적으로 구현했을지는 여전히 의문이다.

그들은 '대항적'이었을지는 몰라도 엘리트적인 태도를 뛰어넘지 못했다. 앞장서서 투쟁하는 자신들은 늘 대중을 이끌고 있으며 대중은 늘 그들보다 정신을 덜 차렸거나 무지한 계몽의 대상일 뿐이며 그들이 연대해야 할 세력은 대중이 아니라 또 다른 엘리트들이었을 뿐이다. 그들은 대중보다 높은 곳에서 대중을 연민하거나 선동하고 이끌 수 있었는지는 모르지만 대중의 자발적 의지에 따른 상호작용과 일상적이고 능동적인 참여를 이끌어 내는 데는 한계를 보였다.

운동이나 조직에 대한 일반 대중의 저항감 역시 일정 부분 거기에서 기인한 것이 아닐까 싶다. 소위 학생운동을 중심으로 한 사회운동 세력들이 '한 줌의 운동권'으로 남게 된 이유는 이런 부분과 그리 멀지 않다고 생각한다.

한국 사회의 여러 문제에 대해 자신만의 관점으로 비평 작업을 지속적으로 벌여 온 강준만 교수는 진보와 보수를 막론하고 한국 정치를 '정치 엘리트들의 전담 영역'으로 고착화시킨 것은 바로 엘리트주의이며, 민주화 이후에도 그것은 달라지지 않았다고 비판한 바 있다. 그래서 한국 정치는 좌우의 싸움이나 진보와 보수의 싸움도 아니고 "출세한 사람과 출세하지 못한 사람들 사이의 싸움일 뿐"이라고 일갈했다. 강 교수의 지적은 그 날카로운 현실감 때문에 수긍하지 않을 수 없다. 무엇보다도 대중이 '그들만의 밥그릇 싸움'의 구경꾼으로 전락할 수밖에 없는 현실을 이보다 더 잘 짚어 주는 분석이 없기 때문이다.

필자는 결코 여기서 조직적인 활동이나 운동 단체, 시민 단체의 활동 자체를 비판하거나 그 역할 및 노력을 폄하하려는 것이 아니다. 다만, 지금 우리 앞에 놓인 상황을 직시하자는 것이다.

2008년 촛불집회에서 드러났듯 사회적인 요구나 변

화를 갈망하는 사람들의 표현 방식은 너무나 다양하고, 이제는 하나의 흐름으로 모아지지도 않는다. 더 이상 엘리트와 대중의 구분이 유효하지도 않고, 대중이 몇몇 엘리트의 계몽이나 지도로 움직일 수 있는 대상은 더더욱 아니다. 어쩌면 우리들 각자가 자신들의 문제를 해결하기 위한 주체로 거듭나기 위해 어떤 심층적 변형을 겪고, 각자의 정치적 욕구를 내뿜고 소통하는 과정이 필요한지도 모른다. 그런 사람들이 상호 연대를 모색하는 지점에서 마음의 연대가 시작되지 않을까 싶다.

2장

누가 정치를 두려워하는가?

동호회 활동이면 그만이다?

사람들은 어떤 이유로든 함께 무언가를 하기 위해 모임을 만든다. 가장 대중적인 방식인 동호회를 생각해 보자. 연대까지는 아니더라도 서로 교류하면서 무언가를 시작하는 방식으로는 가장 쉽게 접근할 수 있는 형태일 것이다. 우리나라만큼 동호회가 많은 나라도 흔치 않다. IT 강국답게 온라인 모임이 오프라인으로 발전하기도 하고, 오프라인 모임도 성에 차지 않아 온라인 모임으로 발전하기도 한다.

이러한 단체 모임을 보면 특히 생활체육과 관련된 것

이 많다. 댄스 동호회, 걷기 모임 혹은 산악회, 배드민턴 동호회, 자전거 동호회 등. 이 같은 모임이나 단체들을 활용해 구성원들의 일상의 욕구가 더 잘 실현될 수 있게 하거나 그들이 활동하는 지역이나 공간과 관련하여 시스템과 조직, 정책을 바꾸어 나갈 수도 있지만 그런 확장이나 재생산으로 기능하는 경우는 많지 않은 것 같다.

지금과 같은 형태의 동호회로는 어떤 변화를 만들어 내기가 쉽지 않다. 동호회 회원들의 관심은 다른 곳에 있다. 일례로 배드민턴만 해도 하나의 세계라고 한다. 어떤 채에, 어떤 양말과 신발에, 운동복은 어떤 것이 좋고…. 자전거는 더 말할 것도 없다. 전립선 보호 안장을 사야 되고, 스프링은 어떤 것으로 해야 하고, 300만 원짜리 자전거가 있는데 잘 나간다는 둥, 어떤 페달을 쓰느냐는 식으로… 구색을 갖추려면 끝도 없다는 것이다. 큰 장비나 기구가 들 것 같지 않지만 그 안에 들어가 보면 또 그들만의 세계가 있다. 사람들은 여기서도 평판과 경쟁에 집착한다. '누가 뭘 샀으며 뭐가 좋다'라는 식의 소비적이고 과시적인 행위와 그것을 매개로 한 회원들의 경쟁이 대단하다. 이런 방식으로는 연대나 교류는 말할 것도 없고, 또 다른 모습의 경쟁만 반복 재생하고 있는 격이다.

모임의 목적은 자전거를 타며 친목을 도모하는 것이

겠지만 자전거 이용자로서 열악한 도로 조건이나 도시 계획에 대해 문제를 제기하고 대안을 제시하는 등 공공의 이익을 도모하는 노력을 기울인다면 개인의 이해와 공공의 삶을 연결하는 굉장히 훌륭한 연대의 방식이 될 수 있다. 그러나 대부분이 소비 지향적이고 소모적인 대화만 오가는 모임들이 아닌가. 실은 많은 동호회들이 그렇게 움직이고 있다.

우리 동네 예체능으로 족하다?

동호회 활동을 하는 사람들은 대부분 어느 정도 사회생활 경험이 있고, 사회에 어떤 문제들이 있으며 무엇은 어떻게 바뀌어야 한다는 식견이 전혀 없는 것이 아님에도 불구하고 다른 사람들이나 다음 세대를 위해 뭔가 기여하는 일보다는 자잘한 관심거리에 자기 자신을 지나치게 '협소화'시키면서 에너지를 소진한다. 동호회가 연대나 공적인 삶의 중요한 공간이 될 수 있음에도 한국 사회에서는 그야말로 '우리 동네 예체능'밖에 안 되는 이유다. 생활체육 활동도 그 자체로는 대중의 굉장한 에너지가 모인 것인데 대체 그런 에너지를 어떻게 쓰고 있는가 하는 의문이 든다. 생활체육은 그렇게 활발한데 왜 엘리트 위주의 대한체육회에 대한 변화 요구는 한 번도 없는 것일까.

생활체육을 소재로 한 〈우리동네 예체능〉이라는 프로그램에서 의사 팀과 연예인 팀이 축구 경기를 하는 것을 보았다. 놀랍게도 의사 팀 중 한 명은 개인 전용 잔디 구장을 가지고 있었다. 축구를 너무나 좋아한 나머지 그렇게 했다고 한다. 잘은 모르겠지만 축구장이 밭 몇 마지기 크기는 될 텐데 한국처럼 평지가 많지 않은 나라에서 도시 가까운 곳에 평지를 구입해 잔디 구장을 조성했다면 못해도 억 단위는 넘게 들었을 것이다.

그러한 돈과 열정과 의지를 가지고 있다면 운동을 하고 싶지만 형편상 못 하는 청소년들을 돕거나 생활체육이 활성화될 수 있는 법인이나 단체를 만들어서 그것을 확대 재생산할 수 있는, 좀 더 공공적인 방식도 있을 텐데 하는 생각이 방송을 보는 동안 내내 들었다.

동호회 자체가 나쁘다는 말이 아니다. 연대의 중요한 공간으로 충분히 발전해 나갈 수 있는 여지가 있는데 그것을 가로막고 있는 사람들의 태도를 검토해 보고 싶은 것이다. 의지의 문제다. 생활체육은 단지 운동만 하는 것이 아니라 일상을 이루는 공공적인 삶의 조건들, 이를테면 도로 정비나 공원, 교통법규나 정책 등과 연결되어 있는데 이런 것에 관심을 기울일 노력이 필요하다는 것이다. 가령 네덜란드 같은 나라는 자전거를 워낙 많이 타기 때문에 모든 도로에서 차가 우선이 아니라 자전거 우선으로 진입할 수 있다. 친환경적인 교통수단으로 자전거 이용을 확산시킬 필요가 있다면 우리에게도 이 같은 변화가 필요하다는 말이다.

우리나라 자전거 동호회에서 활동하는 사람들은 이 같은 공공적인 차원의 문제나 요구에 얼마나 관심을 가지고 있으며 그것을 적극적인 요구로 내세우고 정책의 변화를 꾀할 의지가 있는가? 그런 의지가 있을 때, 정치적인 것이 아니냐는 의심의 눈초리와 정치에 대한 혐오, 거부감 등을 이겨 낼 수 있지 않을까.

사람들은 어떻게든 계속 모이고 싶어 한다. 밴드, 동창회 등 누군가와 연결되거나 모임을 만들려는 의지는 계속 있다. 그런데 사회적인 차원이나 공공의 문제를 함께 나누면 모임이 변질되거나 성원들 사이가 단절된다고 생각하는 것 같다. 많은 사람들이, "우린 정치적으로 나가면 안 되잖아. 이런 얘기하려고 온 게 아닌데…" 하면서 현실적이고 공공적인 차원의 논의는 되도록 피하려 한다. 사실 그런 시도를 통해 자신들이 원하는 일상의 편의를 더 많이 누리고 권리를 확보할 수 있으며 공공 차원으로 확장되는 것임에도 불구하고 '정치'라는 말로 규정하고 나면 '우리가 정치적으로 나가는 건가' 하며 조심스러워하게 된다. 사람들과 모임을 가지거나 교류하는 일에 관심이 있지만, 자신들의 활동이 정치적이라고 호명당하는 것은 거부하거나 회피하려는 것 같다. 비단 동호회 활동뿐만 아니라 상담 관련 단체 중에도 어떤 집단적인 요구나 발언의 형식으로 우리가 원하는 것을 말하려고 하면 "정치화되는 거 아니냐"며 지레 손사래를 치는 경우가 많다. 우리나라에서 '정치적'이라는 규정은 사람들이 입을 닫게 만드는 데 굉장히 효력을 발휘한다.

다른 예를 들어 보자. 정치란 것은 '우리 밥상에 다 있다'고들 이야기한다. 유기농 음식만 먹겠다는 사람은 기본적으로 유전자 조작 정책에 반대하는 사람들이다. 의도적으로 유전자 조작 작물 재배에 반대 서명을 하고 피케팅을 하지 않더라도 다른 의미의 적극적인 방식으로 그것에 반대하는 것일 수 있다. 유전자 조작 음식을 먹지 않는 행위야말로 가장 적극적인 실천의 방식이다.

우리가 무엇을 선택하고 무엇을 지킨다는 것은 어떤 시스템에 동조하거나 어떤 시스템을 반대한다는 것인데, 우린 그렇지 않은 척하고 있다. 즉, 어떤 정치적인 행위와 자신이 동떨어져 있다고 생각하는 것은 일종의 '환상'이라는 말이다. 자기가 하고 있으면서 안 하고 있다고 말하는 것은 웃기는 일이다.

이는 권력이 그동안 우리를 다루어 왔던 한 방식이다. 이것이야말로 가장 '정치적인' 방식이기도 하다. "이건 정치적인 것이잖아"라고 함으로써 아무것도 못 하게 만드는 것이야말로 가장 정치적인 행위다. 정치란 다른 것이 아니라 권력을 사용하는 것이고, 자기가 가진 권력으로 타자에게 영향을 끼치는 것이며, 그 영향이 나에게 이득이 되는가 안 되는가의 문제다. 가장 올바른 정치란 권력을 사용해서 다수에게 좋은 영향을, 선한 영향을 끼치게끔 하는 일이다. 정치는 삶을 이롭게 하기 위한 하나의 도구이자 일상의 한 영역이다. 매일 밥상머리에 앉는 것처럼 그렇게 우리가 늘 하는 일이라는 말이다. 다른 사람이 밥을 먹는다고 해서 내 배가 부르지 않듯 우리 자신이 나서지 않으면 안 되는 그것이 바로 정치다.

3장

자신과 먼저 연대하라

개인적 차원에서 보면 연대란 자신에 대한 자부심이라고 생각한다. 연대는 기본적으로 내가 타인을 위해 기여할 수 있는 사람이라는, 자기 존재의 가치에 대한 확인이고 그러한 자부심이 있어야 가능하다. 이것이 연대를 가능하게 하며 그것이 연대의 실체라고 생각한다.

가끔 뉴스를 보면 위기 상황에서 의연한 모습으로 위험에 빠진 사람들을 구하는 사람들의 이야기를 접할 때가 있다. 알고 보면, 그들은 특별한 사람이 아니고 평범한 우리 이웃인 경우가 대부분이다. 위급한 상황에서 도움의 손길을 내미는 것은 인지상정이겠지만 일상에서 다른 사람에게 손을 내미는 데 주저되는 것은 사실이다. 다른 누군가의 일에 관여하거나 자신의 문제를 다른 사람과 함께하는 일은 우리에게는 여전히 익숙지 않다.

연대는 자신에 대한 자부심이다

필자가 서울 정독도서관 길을 걸을 때의 경험이다. 풍문여고에서 도서관으로 가는 오르막길은 오후가 되면 청춘 남녀가 즐겨 찾는 곳이다. 그 길을 따라 올라가면 북촌길도 있고 그 뒤에 말바위라는 곳이 있어 운동을 하며 일주일에 몇 번씩 왔다 갔다 하곤 한다. 하루는 그 길을 올라가는데 어떤 할아버지 한 분이 눈에 띄었다. 행색이 이상했다. 한쪽은 분명 맨발이고, 한쪽은 구두를 신은 채 절뚝이며 걸어가고 계셨다. 그 옆으로 수백 명의 청춘 남녀들이 있었지만 누구도 눈길을 주지 않았다. 심지어 종로구청 사회복지 마크가 찍힌 차도 그냥 지나치고 있었다. 필자가 할아버지에게 가까이 가서 물었다.

"할아버지, 왜 신발을 안 신고 걸으세요?"

"발이 아파서…."

"할아버지, 댁이 어디세요?"

"내가 치매에 걸려서 집을 잃어버렸어."

"어디 다녀오세요?"

"친구 만나고 오는데 그리고 길을 잃었어."

가까운 카페의 그늘에 할아버지를 안내해 잠깐 앉아 계시라 하고 핸드폰으로 112에 신고해 경찰이 오기를 기다렸다. 그러는 동안 할아버지의 보호자나 자식의 연락처를 알 수 있을지 궁금했다. "할아버지, 수첩 같은 거 없으세요?" 할아버지가 수첩을 꺼내 보여 주시는데 마음대로 뒤질 수 없어서 경찰이 올 때까지 말동무를 해드렸다. 경찰이 순찰차를 끌고 와서 수첩을 살펴보더니 어딘가에 연락을 하고 보호자의 주소지를 알게 되어 할아버지는 경찰차를 타고 떠났다.

그날 그 길에 그렇게 많은 사람들이 있었는데 할아버지에게 아무 관심을 기울이지 않는 것이 나에겐 놀랍기만 했다. 모두들 그러는 것이 당연한지 아니면 내가 이상한 것인지, 주변 사람들에게 자신이라면 이런 상황에서 어떻게 할 것인지 물었다. 그러자 대체로 "내가 가서 이야기를 해도 되나"라는 생각이 든다는 반응이었다. 이것이 일상에서 우리가 흔히 보이는 태도다.

왜 우린 어떠한 정치적인 행위나 연대의 행위를 하는 것에 대해 자격이 없다고 생각하는 것일까. 예를 들면, 버스에서 어떤 아이가 다쳐서 절절매면서 울고 있는 모습을 본 적이 있다. 그때 버스에 탄 모든 사람들이 그 아이에게 선뜻 다가가지 않았다. 사람들은 그 상황을 지켜만 보면서 어떤 생각을 했을까? 덩치 큰 아저씨가 술을 마시고 고함을 지르는 상황이라면 무서워서 다가가지 못할 것이다. 하지만 조그마한 어린아이가 갑자기 버스에서 울고 있어도 사람들은 잘 다가가지 못한다. '내가 다가가도 될까, 내가 무슨 도움을 줄 수 있을까' 그런 생각들을 하느라 결국은 아이에게 "어디가 아프니?"라는 말 한마디 건네지 못하고 자기 길만 가게 된다. 즉, 가기 싫어서가 아니라 마음은 있는데 내가 가도 될지, 그런 상황에서 무슨 도움이 될지 갈등하느라 아무것도 못 하는 경우가 많다. 결국 자신에 대한 인식 가운데에는 나는 누구에게 도움을 주는 것조차 불가능한(혹은 적절하지 않은) 존재라고 생각하는 부분이 없는지 고민해 보아야 한다.

김수영 시인은 〈어느 날 고궁을 나오면서〉란 시에서 독재 권력의 비리를 상징하는 '왕궁의 음탕' 대신 설렁탕에 기름덩어리만 나왔다고 분개하는 자신을 반성하며 '왜 나는 조그만 일에만 분개하는가'라고 반성했다. 그러나 실은 사소한 것에서 못 하니 큰 것에도 못 하는 것인지도 모른다. 직접적으로 자신에게 피해가 왔을 때 그때는 아마 항변하거나 나설지 모른다. 그러나 직접적으로 나에게 온 피해가 아닐 때는 심지어 자식이 죽은 피해라 할지라도 제때에 나서지 못한다. 또는 내가 입은 피해 때문에 나서는 것은 다른 사람들과 연대를 불러일으키지 못한다고 생각하는 것 같다. 하지만 자신이 당한 피해에 대해서 다른 많은 사람들도 '저런 피해는 나도 입을 수 있어'라며 사회적인 관심이 모아진다면, 이때 발생하는 연대의 에너지는 단지 피해자로부터 나온 게 아니라 그 문제가 가진 중요성과 피해자의 주변 사람이나 그들의 고통에 감응했던 사람들의 마음이 모인 것이라 볼 수 있다.

세월호 사건 같은 경우 많은 중년 남성들이 방 안에 들어가 혼자 소리 죽여 많이 울었다는 이야기를 주변에서 들었다. '이 모양 이 꼴이 될 때까지 결국 내가 아무것도 안 했구나. 결국 이 모양 이 꼴을 내가 만들었구나'라며 죄책감에 괴로워했다는 것이다. 그런 비통함을 느낀 사람들, 그렇게 감응한 사람들이 눈물을 흘리고 좌절하고 자책했다고 생각한다. 무엇보다 그런 마음, 에너지가 중요하다. 그런 감응이야말로 연대로 나아가는 가장 기본적인 단서가 될 수 있다.

필자가 '연대'라고 생각하는 것은 단지 사회적인 형식이나 조직 혹은 형태가 아니라, '마음의 연대'를 기본으로 어떤 정서적인 손잡음, 어느 차원에서의 감응이 일어난 상태에서 만들어진 자연스러운 활동이거나 단체 혹은 구성체를 가리킨다. 결코 어떤 조직을 누군가의 주도하에 만들거나 어떤 후원회를 만들고 나서 "자, 이제 들어오세요" 하는 식의 방식이 아니라는 것이다. 그런 방식의 연대는 더 이상 힘을 발휘할 수 없다고 본다.

먼저 나 자신과 연대하기

앞에서 언급했던, 자부심 있는 개인만이 연대할 수 있다는 이야기와 연결해서 어떻게 하면 그러한 자부심을 고양할 수 있는지 두 가지 차원에서 이야기해 보고 싶다. 사르트르의 실존주의에 관한 논의로 시작해 보자. 앞서 말했던 '사회 참여(Social Engagement)', 불어로 '앙가주망'은 연대의 의미로 많이 사용하는 용어다. 사르트르가 말하는 앙가주망은 '자기 구속(拘束)'을 말한다. 즉, 존재하지 않는 목적을 향해 나아가도록 자기를 구속한다는 것이다.

사르트르가 제기한 유명한 명제가 있다. "실존은 본질에 앞선다(선행한다)." 사르트르는 인간은 태어날 때 이미 '만들어진 존재'라고 했다. 그 존재나 가치가 이미 만들어졌다고 본 것이다. 물론 그는 어떤 존재이든 그 가치가 타인에 의해 규정되어서는 안 됨을 강조하려는 의도에서 그런 말을 했다. 예를 들면, 한국 사회에서 장녀로 태어난 사람들은 '살림 밑천'이라는 이야기를 듣고 자랐다. 남성의 경우, 장남은 어떠해야 한다는 소리를 귀에 인이 박이도록 듣는다. 한국에서는 출생의 순서만으로도 이미 그 사람의 존재나 본질이 어느 정도 결정된다.

사소한 예로 장롱이나 가위, 책상 같은 것들은 본질이 선행한 것이다. 뭔가 칼보다 더 효과적으로 자르는 도구가 필요하다고 생각했는데, 그래서 발명된 것이 가위이고 그것이 가위의 본질이다. 그렇게 도구로 만들어진 것이 바로 물건이다. 모든 만들어진 사물들은 기본적으로 본질이 선행한다.

인간도 잉태되었을 때 잉태하려는 목적 자체, 그리고 어떤 요구나 기대가 먼저 만들어질 수 있다("우리에게 이런저런 역할을 해줄 아들이 있어야겠다"는 등의 기대). 이 아이는 부모의 기대, 요구, 본질과 사회와 집단이 요구하는 사람으로 성장하기를 강요받는다. 가위, 연필, 필통 등과 같이 본질이 먼저 있어서 나중에 도구화시키는 것은 가치 판단을 할 필요가 없다. 그것은 사물이니까. 그런데 인간에게 있어 본질이 먼저 선행하고 그다음에 존재가 생긴다는 것이 윤리적인가 하는 의문이 생긴다.

그런 점에서 실존주의는 굉장히 윤리적이고 휴머니즘을 강조한 사상이다. 우리는 태어나면서부터 우리에게 이미 덧씌워진 요구나 기대나 본질 같은 것으로부터 자신을 해방시켜야 할 목적을 가지고 있다는 것이다. 각자 자유로운 선택에 의해 자신이 살아온 조건을 극복하고, 초월해 내며, 현재의 자기를 부정하라, 즉 의심해 보라는 것이다.

심리학자 어빈 얄롬은 "검토하지 않은 삶은 의미가 없다"라고 말했다. 현재 내가 있는 위치, 내가 가진 것들, 내가 가지려 하는 욕망들, 이런 모든 것들이 주체적으로 원한 것이었는지, 아니면 내가 태어나기 전부터 기대된 본질에 의해 재생산되었는지 파악하라는 것이다. 내가 원래부터 원하지 않았고 타자에 의해 만들어진 것들이 다른 모습으로 혹은 이런 모습으로 생겨난 것은 아닌가, 그렇기 때문에 현재 내 삶의 모습도 이렇게 만들어진 것은 아닌지 의심해 보아야 한다.

사르트르는 말했다. "현재 내가 노예가 아니라고 말할 수 있는가?" 여기서 노예란 굴종적인 삶을 산다는 뜻만이 아니라 주체적이지 않은 삶도 의미한다. 타자가 만들어 낸 본질에 의해 내가 형성되어 왔다는 것이 과연 사실인가? 어떤 요구나 기대, "너는 이렇게 살아야 한다" 하는 실체 없는 프레임. 그것에 의해 내가 형성된 것은 아닌가? 그것이 맞는다면 그로부터 내 자신을 해방시켜야겠다는 실존적인 태도를 이야기하는 것이다.

이제 문제가 되는 것은 어디로 갈 것인지 그 방향이다. 떠나려는 자가 갈 곳을 모르면 떠날 수 없다. 현재 나를 밀어내는 요인도 분명히 알아야 하지만 나를 끌어들이는 요인이 어디에 있는지도 분명히 알아야 한다.

필자 역시 한국을 떠날 때 여기서는 도저히 못 살겠다고 해서 떠난 것이다. 그나마 내가 가고 싶은 곳이 어딘지 알았기에 떠날 수 있었다.

'내가 타자에 의해 형성된 프레임 속에 갇혀서 살고 있는 것은 아닐까'라는 의심을 가지기 시작했고, 그로부터 내 삶을 해방시켜야겠다고 생각했다면, 동시에 해방된 내 삶의 형태는 어떤 것인가를 계속 고민하고 새롭게 삶을 만들어 나가야 한다. 이것이 바로 '존재하지 않는 것'이다. 지금껏 존재하지 않았던 그 삶을 향해 나아간다는 의미다. 그것은 가능성을 향해 나아가는 길이다.

지금까지는 뭔가 존재했다. 구조와 내용이 있었고, 내게 요구된 것이 있었다. "난 이걸 깰 거야"라고 말할 때, 그것을 깨려는 노력과 동시에 어떠한 지향점을 가지고 나가야 할 것인가, 이것이 바로 존재하지 않는 것을 만들어 나가는 일이다. 존재하지 않는 것을 향해 나아간다는 것이야말로 자기가 자기를 구속하는 일이다. 여기서 '구속한다'는 것은 자기를 가둔다는 의미가 아니라 완전히 주체적인 목적을 가지고 주체적인 방식을 가지고 나가겠다는 '자기 약속'을 말한다.

그전까지는 소위 본질이 앞서는 삶, 말하자면 나의 삶이 타인의 기대나 요구, 시스템, 국가의 요구를 재생산하는 일에 가까웠다면 존재하지 않는 것으로 열린 삶, 또는 가능성으로 열린 삶은 자기 생산, 즉 자기 삶의 조건을 이해하고 자기가 원하는 형태로 살기 위한 조건을 만들고 재구성하는 삶이다. 그것을 사르트르가 '앙가주망'이라고 말했다는 사실이 참으로 놀랍다.

필자가 사람들에게 자주 하는 말이 있다. "모든 것은 내 안에서 먼저 시작되었다." 외부에 드러나는 것은 내부에서 먼저 시작되었다는 말인데, 이것을 조금 더 설명하면, 결국 자기와의 연대가 먼저라는 것이다. 기본적으로 연대는 타인보다는 자기와의 연대가 우선이다. 나 자신이 나를 해방시키는 해방 전사다. 지금껏 없었으나 앞으로 내가 만들어 나갈 과제를 함께 수행할 동지로서의 내가 되어야 한다. 이것이 바로 '자기 약속'이며 구속의 진정한 의미다.

인간의 삶은 반드시 나아질 필요는 없다

이제 조금 더 심리적인 차원에서 이야기를 풀어 나가려 한다. 심리학 용어에는 '자아 이상'과 '이상적 자아'라는 것이 있다. 이 둘이 참 비슷한 용어인데, '이상적 자아'가 자기가 되고 싶은 자아라면 '자아 이상'은 되어야만 하는 자아를 말한다. 앞서 설명한 것에 따르면 '본질'에 더 가까운 것이 자아 이상이다.

자아 이상은 쉽게 말해서 효도해야 하는 나, 착해야 하는 나, 모범생으로 살아야 하는 나, 대인 관계가 원만한 나 등등 내가 만들어 낸 것이 아니라 타자가 그렇게 해야 한다고 주입해 놓은 개념들이다. 내부로부터 생성된 믿음이 아니라 탑재된 믿음이라는 말이다.

이와 비교해 이상적 자아란 자기가 되고 싶은 자아다. 그런데 여기에 하나의 함정이 있다. 그 이상적 자아가 실은 또 다른 자아 이상일 수 있다는 점이다. 자아 이상이 만들어지는 통로는 대부분 외부, 특히 부모와 같은 존재에서 비롯된다. 실제적으로 우리가 어떤 욕망을 갖는다고 했을 때 그 욕망의 순수성이라든가 그렇게 욕망하도록 요구하거나 자극하는 대상이 누군지 검토한다면, 과연 이상적인 자아가 자아 이상과 별개로 완벽하게 존재할 수 있는지 고민해 봐야 할 듯하다. 자아 이상이 면밀하게 탑

재된 사람일수록 부모의 욕망이 더 강렬하고 은밀한 경우가 더 많다. 그만큼 강력한 요구를 받았다는 반증이기 때문이다.

그러면 이 둘을 어떻게 구분할 수 있을까? 그것을 알 수 있는 확실한 방법이 있다. 그게 바로 '행위'라는 것이다. 직접 부딪쳐 보는 행위야말로 나 자신을 검증할 기회를 주는 거의 유일한 방식이다. 이것이 또 다른 자아 이상이었는지, 아니면 좀 더 이상적 자아에 가까이 다가간 삶을 살려 한 것인지 검증할 수 있는 기회다. 자아 이상과 이상적 자아의 차이를 스스로 면밀하게 검토해 본 사람이라면 자신이 살고 있는 상황이나 그 속에서 조건화된 자신을 해방시키려는 생각을 하게 될 가능성이 높다. 그것을 통해서 우리는 자기를 검증해 볼 수 있다.

그런데 요즘 젊은 세대를 보면 자아 이상과 이상적 자아 사이의 갈등으로 거의 분열에 이를 지경인 것 같다. 필자가 아는 30대 초반의 여성이 있다. 그녀는 스스로도 매력적이라고 생각할 만한데 최근 치아 교정을 할지 고민 중이라고 했다. 사실 자신은 교정을 생각해 본 적이 없는데 주변에서 자꾸 "교정하는 게 어때?"라며 참견을 한단다. 앞니가 조금 벌어졌는데 사람들이 "그것만 바꾸면 괜찮을 텐데"라며 한마디씩 하는 것이다. 실제로 많은 젊은 여성들이 주변에서 던지는 그런 말 한두 마디에 너무나 스트레스를 받는다. 그녀도 교정을 한다고 해서 뭔가가 굉장히 달라질 거라고 생각하지는 않는다고 했다. 그러나 적어도 사람들이 그런 일로 지적하지는 않을 것 같다는 것이다. 그래서 돈을 모으면 교정을 할 마음을 먹고 있다.

사람들은 쉽게 다른 사람을 향해 "넌 그것만 고치면 더 나아질텐데…"라는 말을 던진다. 그렇게 말하는 사람에게 이렇게 말하고 싶다.

"인간의 삶은 반드시 나아질 필요는 없습니다."

삶이 '나아진다'는 기준부터 한번 생각해 보자. 무엇이 나아지는 것인가? 더 잘살게 되는 것인가, 결점이나 결핍을 없애는 것인가? 그 기준은 대체로 착취에 근거하고 있다. 가령 치아를 교정하는 것이 겉으로 보기에 직접적인 착취는 아닐 수 있다. 그런데 치아를 교정해서 가장 이득을 보는 사람은 누구일까? 사실 치아 교정은 오랜 시간과 인내를 필요로 하고, 많은 비용이 들며 그에 비해 아주 극적인 변화를 가져오는 것은 아니다. 최종적인 이득은 치과 의사 혹은 제약회사가 얻는 것이 아닌가. 이런 구조를 자세히 들여다보면 누군가는(자본가) 우리를 착취하기 위해 새로운 상품을 만들어 내고, 그러기 위해 사람들로 하여금 새로운 자아 이상을 끊임없이 산출해 내도록 교묘히 조작하고 선전하는 것은 아닌지 깊은 의심이 든다.

누군가 "너는 이것을 하면 더 나아질 텐데"라고 말할 때, 이것이 착취에 뿌리를 두고 있는 것은 아닌지 의심해 보자. 그것이 거대한 구조나 자본이 달려드는 착취가 되었든, 타인을 조종하고 통제하려 드는 건강하지 않은 주변 사람의 감정적 착취가 되었든 말이다. 조금 불편하거나 조금 불완전하게 그대로 두어도 일상에 큰 무리가 없다면 굳이 결점이나 결핍이라고 규정하는 것 자체부터 문제가 아닌가 싶다.

내가 체험했던 뉴질랜드나 호주와 견주어 보면, 한국 사회는 확실히 강력한 자아 이상을 갖게 하는 구조로 되어 있다. 그만큼 전체주의적이고 집체적인 국가일 때 그러한 에너지들이 사회에서 집단으로, 집단에서 가족으로, 가족에서 개인으로, 그리고 그 개인의 것들이 사회적인 총합으로 재환원된다.

여러 나라의 비교 문화 체험으로 인기를 얻는 〈비정상회담〉이라는 프로그램을 즐겨 보는데 얼마 전 직업을 주제로 한 에피소드를 보았다. 여자 친구가 7년 동안 사법시험을 준비하는 남자 친구를 어떻게 해야 할지를 놓고 격론이 벌어졌는데 영국인 패널의 의견이 인상적이었다. 영국에서 공무원은 결코 매력적인 직업이 아니며 사람마다 선호하는 직업이 너무나 다르다고 했다. 그중에서도 사람들이 선망하는 직업은 목수다. 자신만의 특별한 기술을 갖고 있는 사람들이 실제로 돈을 잘 벌기도 하고 사람들에게 실질적인 도움을 주기 때문에 사회적으로 인정받는다. 그와 비교하면 한국은 직업에서마저 자아 이상이 너무나 단일화되어 있다.

결혼 역시 자아 이상과 관련된 문화적 차이를 여실히 보여 준다. 언젠가 뉴질랜드에서 히치하이킹을 하는 한 남성을 태워 주고 이야기를 나눈 적이 있다. 직업을 물어보니 목수라고 했다. 와이프는 어떤 일을 하냐고 했더니 외과 의사란다. 한국에서는 좀 상상하기 어려운 일이지만 뉴질랜드에서는 이런 조합이 그리 놀라운 일은 아니다. 물론 계급적인 완고함은 서구 사회에도 여전히 남아 있다. 대학원에서 같이 수업했던 친구 중에 정신과 의사가 있었는데, 정신분석을 제대로 다시 배우려고 수업에 들어온 친구였다. 그 친구가 말하길 결혼한 지 15년이 넘었는데 아직 한 번도 시댁에 가본 적이 없다는 것이다. 이유를 물었더니 시댁이 영국이고, 남편은 영국 귀족인데 자기가 평민이라서 받아주지 않는다는 것이다.

한국처럼 자아 이상이 이렇게 단일화된 사회에서 이상적 자아를 실현하는 사람들은 아주 피곤해질 수밖에 없다. 다른 선택을 위해 용기를 내는 것도 어렵고, "왜 그걸 하려고 하냐"면서 쓸데없이 간섭하는 사람들을 설득하는 것도 피곤한 일이다. 그들을 다 납득시킬 수는 없는 노릇 아닌가. 그저 남들이 다 하는 길을 선택하는 것이 분란을 일으키지 않는 일이다. 서로가 서로를 이토록 구속하는 상황이다.

무엇보다 한국의 부모들은 너무나 강력한 자아 이상을 갖고 있기 때문에 자녀들이 다른 선택을 하거나 자기만의 이상적 자아를 만들어 갈 엄두를 내지 못한다. 그런데 부모들도 그럴 수밖에 없었던 것이, 자신보다 더 강력한 힘을 가진 국가라는 상부구조가 그들을 통제하고 소위 '뻘짓'을 못 하게 했기 때문이다. 이런 사회는 그 누구의 일탈도 허용하지 않고 일사분란하게 공동 전범, 공동 범죄자로서 살아가길 강요하기 때문에 '일탈'을 하게 되면 내부 고발자가 되거나 부적응자로 낙인찍히기 십상이다.

한 개인이 가진 고유하고 독특한 개성을 발현할 기회조차 주지 않는 사회, 이런 사회에서 연대를 이야기하는 것이 과연 가능할까. 이상적 자아가 어떤 것인지, 앙가주망, 즉 자기만의 약속, 자기와의 최초의 연대를 가능하게 하려면 그것을 원하는 사람들과 함께 있어야 할 것이다. 우리는 자신도 검토해 보지 않은 자아 이상을 실현하기 위해 각개전투를 벌이고 있을 뿐, 심지어 자기 자신과도 진정한 관계를 맺고 있지 않은지도 모른다. 그러나 이상적 자아를 실현시키고 자기와의 연대를 경험한 사람들은 자기 속에 좁게 틀어박혀 자족하기보다 설사 불안과 동요가 있더라도 타인과 관계 맺으려 하고, 타인의 이상적 자아를 실현시키는 데 동병상련의 감정으로 도움을 줄 수 있다. 그것은 연대의 한 방식이기도 하다.

4장

불안과 외로움

"거대한 재난이 일본인들을 모두 철학자로 만들었다."

지난 2011년 대지진과 원자력 발전소 사고로 인해 커다란 피해를 입은 동일본 지역 출신의 한 교수가 들려준 이야기다. 재난이 발생하자 일상이 무너지며 사람들은 앞으로 어떻게 살아야 하는지 모두가 혼란에 빠진 상황에서 오래전 할아버지, 할머니들이 들려줬던 이야기들을 다시 생각하게 되었다고 한다. 막상 재난이 발생하자 돈은 아무짝에도 쓸모가 없었고, 의지할 수 있는 것은 함께 살고 있는 사람들의 힘, 지역 공동체의 힘이었다. 역설적이지만 재난이 사람들에게 지혜를 돌려준 셈이다.

정상적인 불안과 신경증적인 불안

연대를 가능하게 하는 것은 무엇이라고 생각하는가. 역설적이지만 연대를 가능하게 하는 것들 중에 첫 번째로 불안을 꼽고 싶다. 우리가 불안하지 않다면 과연 연대해야 할 이유를 느낄까? 연대를 하겠다는 그 동력은 과연 어디에서 오는 것인가?

뉴질랜드에서 공부하며 이민자들에 대한 연구를 할 기회가 많았다. 한국인들은 필리핀이나 경제 조건이 그리 좋지 않은 나라로 이민을 가기도 하지만 대체로 뉴질랜드, 미국, 호주, 캐나다 등 한국보다 여러모로 조건이 좋은 나라를 선택한다. 이를테면 사회보장 제도를 비롯해 사회 시스템이 잘 갖추어져 합리적으로 운영되거나 자연환경이 좋거나 민주주의가 잘 정착되어 있어서 정치적으로 터무니없는 상황 때문에 고통받는 일들이 비교적 적은 나라들이다.

그런데 사람들은 그런 매력적인 요소들만으로는 이민을 결심하지 않는다. 이민의 조건 중에는 지금 자기가 살고 있는 나라가 '밀어내는' 요인도 있어야 한다. 아무리 캐나다나 미국, 호주 같은 나라들이 살기 좋은 나라라 할지라도 한국의 정치제도나 경제적 상황 등에 그다지 불만이 없다면 굳이 떠날 이유가 없는 것이다.

마찬가지로 연대를 한다는 것도 모여서 좋은 일을 해보자는 정도로는 그 동력이 부족하다. 연대하지 않으면 안 될 만큼 다 같이 부정적인 상황을 경험하고 있다는 자각이 없으면 굳이 연대해야 할 필요를 느끼지 못한다.

실존주의 심리학에서는 불안을 정상적인 불안과 신경증적인 불안으로 나누어 설명한다. 정상적인 불안은 우리를 보호하고 미래의 위험으로부터 우리를 지켜 주는 중요한 심리기제로 작용한다. 삶에 대한 어느 정도의 불안은 상당히 정당한 것이다. 현실에 대해 정확하게 직면하도록 해주기 때문이다. 물론 현재 한국은 불안을 조장하거나 '강요'하여 개개인의 삶에서 일상적인 억압을 만들어 내는 구조다. 이를테면 '종북 프레임'처럼 사람들이 일상에서 느껴야 할 불안보다 외부적인 불안을 더 크게 조장함으로써 실은 자기 삶의 중요한 불안들은 감각하지 못하게 만드는 방식이다. 이제는 그것도 잘 안 먹히긴 하지만 말이다.

정상적 불안은 병리적이고 신경증적인 불안과 함께 움직인다. 신경증적인 불안은 일어나지 않을 일이거나 일어날 수 있지만 그것을 과도하게 걱정하는 상황을 말한다. 정상적인 불안을 억압하여 그것을 느끼지 못하게 하면 신경증적인 불안이 더욱 증폭된다.

정상적이지 않은 불안들은 어떤 고통을 떠올리게 될 때 그것을 감당하지 못하겠다고 앞서 생각하며 불안해하는 것이다. 불안에서 가장 핵심적인 것은, 자신이 당면한 삶이 어떤 것인지 분명하게 모를 때 그 예기(豫期)된 불안으로 고통스러워진다는 점이다. 그래서 인생의 행로나 태도들이 잘못된 방향으로 엇나갈 수 있다.

예를 들면, 아이가 길을 건널 때 차에 치일지도 모르니 잘 보호해서 건너도록 하는 것은 정상적인 불안이지만 신경증적인 불안이 증폭할 경우에는 아이가 집에서 잘 놀고 있는데 밖에 나가면 차에 치일 수도 있다는 불안 때문에 아이를 전혀 내보내지 않거나 지나치게 과잉보호할 수도 있다.

뿌리 깊은 외로움

이제 외로움에 대해 이야기해 보자. 현재 한국 사회에서는 가족이 거의 해체되는 상황을 맞고 있다. 물론 겉으로는 그 반동으로, 가족만이 유일하다는 식으로 가족을 공고히 지키려는 방향도 드러나고 있긴 하다. 예를 들어, '빈 둥지 증후군'(자녀들이 성장해 부모의 곁을 떠난 시기에 중년 주부들이 느끼는 허전한 심리)도 이젠 옛말이 되었다. 새끼가 자라 날개 달린 큰 새가 되었지만 아직까지 둥지 안에

붙들어 두려고 하니 말이다. 30대 중반의 여성들도 엄마와 같이 운동하고 맛있는 것을 사 먹고 함께 커피 마시러 다니는 것을 이상적으로 생각한다. 중산층 가정의 엄마들 중에는 아들 팔짱을 끼고 영화 보고 맥주 마시며 아들을 거의 애인처럼 생각하는, 실제로 보면 거의 애인과 다름없이 대하는 경우가 많다. 그렇게 가족을 공고화하려는 시도 역시 외로움의 한 단면이라고 생각한다.

중장년 여성들과 이야기를 나누다 보면 하나의 특징적인 대화 패턴을 느낄 때가 많다. 묻는 말을 잘 듣고 대답하는 것이 아니라 그냥 자기가 하고 싶은 이야기를 하는 것이다. 가령 "당신은 어떤 삶을 살고 싶으냐?"고 물었는데 막상 대답은 자기가 자녀하고 얼마나 힘든지, 남편이 얼마나 말을 안 듣는지, 이런 얘기를 계속 한다. 여러 명이 함께 얘기를 나누는 것을 지켜보면, 말하는 사람의 이야기를 귀담아듣는 것이 아니라 자기가 이야기하고 싶은 소재가 언제 등장하는지 기다리고 있다가 그것이 나오기만 하면 낚아채듯 자기 이야기로 넘어간다.

이처럼 서너 명의 중년 여성들이 앉아서 하는 이야기를 들어 보면 전혀 맥락이 잡히지 않는다는 것을 알 수 있다. 그럼에도 그들은 대화하고 있다고 착각한다. 각자 자기가 하고 싶은 이야기는 했으니 말이다. 하지만 집으로 돌아와 모임을 반추하거나 같이 나눈 이야기를 돌이켜 보면 진정으로 어떤 소통이 되었다는 느낌은 가지지 못할 것이다. 그런 식이라면 아무리 많은 모임이 있더라도, 누구를 만난다 하더라도 허탈할 것이다. 자식을 붙잡고 놓지 않는 이유도 그런 외로움에서 비롯된다.

그렇게 중산층 부모들은 자신들의 불안이나 외로움이 동기가 되어 자녀들을 채워 주려고 한다. 부모는 자기 삶을 살아야 한다고 입으로는 이야기하지만 실제로는 자식이 없으면 살 수 없다고 믿는다. 그 불안을 감당할 엄두가 나지 않는 것이다. 바로 그 이유 때문에 가족으로부터 탈출하는 젊은 친구들도 많다. 부모의 손아귀에서 벗어나려고 하는 자식들도 있고, 부모도 먹고 살기 힘든 형편이라 기대는커녕 보태 줘야 하는 형편인 경우도 많다. 이런 친구들은 경제적으로뿐만 아니라 정서적으로도 가족과의 단절을 경험한다.

가족이 해체되는 또 다른 방식을 말해 보자. 약간 논란이 될 수도 있겠지만, 한국은 이미 일부일처제가 아닌 사회라고 인정해야 할 것 같다. 한국 사회에서 남성의 외도나 혼외정사를 가정파괴의 원인으로 꼽지만 여성들도 그 요인에 일조하고 있는 것이 맞다. 남성이 외도를 하려면 상대 여성이 있어야 하는 것 아닌가. 또한 육체적 외도뿐만 아니라 정서적 외도를 고려한다면 비율을 따지는 것은 의미가 없을 정도로 일부일처제는 이미 깨졌다는 생각이 든다.

그럼에도 불구하고 이혼율이 낮다는 것은 주목할 만하다. 결혼한 중년 여성들이 이혼을 하지 않고 그 생활을 유지하기 위해서 들이는 에너지는 사실 엄청나다. 뉴질랜드 같은 나라에서는 신생아의 3분의 2가 한국의 법적 기준에 의하면 사생아다. 약 80퍼센트에 육박하는 부모들이 법적으로 결혼하지 않은 상태에서 아이를 낳기 때문이다. 굳이 결혼식을 했다고 동사무소에 가서 신고할 필요도 전혀 없다. 결혼을 하든 안 하든 법적인 지위가 완벽하게 동일하므로 혼인, 이혼 신고를 할 필요를 느끼지 못하기 때문이다.

현재와 같은 상황에서 한국의 이혼율이 상대적으로 '낮은' 이유는 여성이 혼자 아이를 키우고 경제적인 자립을 이룰 조건이 사회적으로 전혀 보장되어 있지 않기 때문이다. 경제적으로 어려움이 없다면 많은 여성들이 이혼을 선택할 수도 있을 것이다.

사실 한국 사회에서 실질적인 가정 파괴의 요인은 한국의 기업 문화가 아닌가 싶다. 일본에서는 과거 10년 동안 기업의 접대 문화가 줄어들었다가 보수적인 아베 정부가 들어선 뒤 아베노믹스를 추진하면서 이전으로 돌아가 게이샤들이 재등장하고 있다는 뉴스를 접했다. 한국의 기업 문화는 일본의 접대 문화와 유사한 점이 많다. 남편들은 회사에 나가 지식과 노동력만 파는 게 아니라 몸을 팔아서 돈을 버는 것처럼 느껴진다. 그것을 단지 그들의 쾌락이나 개인의 일탈로만 보는 것은 편협한 사고다. 사실 여성들도 그것을 짐작하고는 있지만 남편을 비난만 할 뿐 자신과 가족이 그 돈의 혜택을 함께 누리고 있다는 사실은 크게 신경 쓰지 않는다. 실은 많은 가정이 그런 문제 때문에 갈등을 빚고, 고통을 받는데도 그 이유를 남성들의 '도덕성'에서만 찾는다. 이미 정서적인 관계는 깨졌는데도 억지로 봉합한 상태에서 더 많은 에너지를 쓰면서 살아가는 상황이다. 그렇게 살면서 느껴지는 뿌리 깊은 외로움이야말로 진정 해결하기 어려운 고립감이다.

많은 사람들은 자기가 문제를 드러내면 더 고독하고 외로워질까 봐 두려워한다. 하지만 그렇게 숨기고 자기 속으로 들어갈수록 오히려 외로움은 병적으로 커진다. 문제를 드러내면서 '이 문제를 해결하는 것은 정말 어렵다. 이건 나 혼자 해결할 수 없는 문제다'라는 것을 깨닫는다면 비록 더 외로워졌다고 하더라도 심리적으로는 건강해진다. 가령 내 문제가 공론화되었을 때는 가족이 함께 해결책을 내놓거나 외부의 도움을 받는 등의 조처를 취할 텐데, 그것을 나만의 문제로만 가지고 있으면 진정 고립되었다는 생각이 들 것이다.

부모가 자신의 불안이나 결핍 때문에 자식을 복속시키거나 가족 내의 단절로 인해 가정이 허물어지는데도 많은 사람들은 문제를 해결하지 않고 그저 견디는 것만이 가족을 지키는 길이라고 생각한다. 그렇게 자본화된 부모에게 복종하는 자녀들 역시 자신의 삶이 독립적이지 않고 나이에 걸맞은 책임을 지지 못함으로써 느끼는 자괴감에 괴로워한다. 모두들 문제를 직면하지 않으려 한다. 결국 해야 할 일을 하지 않게 되면서 견뎌야 하는 다른 신경증적인 불안이 생겨나는 것이다.

물론 자기만의 삶을 살아 내고, 새롭게 삶을 살기 위해 자녀들을 독립시키고 나서 남은 둥지를 무엇으로 채워야 하는지 생각하면 불안해지기 마련이다. 외로움을 느낄 수도 있다. 하지만 그런 감정이 연대로 나아가는 하나의 단서가 될 수 있다.

그런데 두려움 때문에 그런 감정을 느끼지 않으려고 신경증적인 불안과 고립에 매몰되면 자기가 가진 자원을 이용해 자식이나 다른 사람을 붙잡아 두거나, 자기중심적으로 불안과 외로움 또는 고립감을 달래기 위해 사람들을 이용하게 된다. 현재 부모 세대는 자본을 가지고 있고, 젊은 세대들은 앞으로도 그만큼 가질 수 없다. 부모 세대가 자기 자식들에게만 더 많은 자원과 기회를 물려주려 할 뿐 사회를 바꾸는 데 기여하고 다음 세대가 자리 잡을 수 있는 기회를 주지 않음으로써 많은 문제들이 세대 간 문제로 표면화되고 있다.

외롭고 불안하다는 것을 감추기 위해 지금 우리가 하고 있는 그 수많은 행위들을 걷어 내고 실체를 정확하게 인정하고 느낀다면 그것이 뭔가를 더 나은 상태로 만드는 동력이 될 수 있다. 불안과 동요는 인간의 본질적인 부분이며, 삶은 원래 불안한 게 당연하다는 것을 분명히 인식할 때만이 거기로부터 빠져나올 수 있는 힘을 얻는다. 다른 삶도 가능함을 알게 될 때 비로소 나의 길을 떠날 수 있다. 그 두 가지가 충족되지 않으면 좀처럼 그 상태에서 벗어나기 힘들 것이다.

그러기 위해 자신의 상황을 적나라하게 알아야 한다. 자신을 알지 못한 상태에서 누군가와 함께하면 오히려 공동체를 망칠 수 있다. 나의 외로움이나 고통이 어디에서 비롯되었고, 얼마나 외로워하고 있으며, 실제로 필요한 것이 무엇인지 정확하게 알고 누구와 어떻게 함께할 수 있는지 자기 점검을 할 수 있어야 한다.

그것을 분명하게 알지 못한 상태에서 모임이나 단체를 만든다거나 공동체에 기대려 한다면 지금까지 자기를 고립시켰던 패턴을 반복할 수밖에 없다. 또한 자신의 욕망을 정확하게 모르는 상태에서 '연대'하려 한다면 같은 구태를 반복하게 된다. 우리가 보아 온 수많은 공동체나 집단이 실패한 가장 중요한 요인이 바로 그것이었다고 생각한다. 최근 몇몇 대안학교에서 불거진 문제들을 보면 결국은 공동체를 꾸릴 수 없는 사람들이 자기 가족과 아이의 더 좋은 미래를 위해 공동체를 이용하고 연대를 가장했다는 생각이 든다. 이는 개개인의 심층적인 변화 없이 개인들이 공동체를 만들거나 연대를 모색할 때 드러나는 문제점이다.

4부

연대를 가능하게 하는 것들

1장

정신적 균형을 찾는 일부터 시작하자

앞서 연대는 자기와의 연대가 우선해야 한다는 것을 이야기했다. 또한 연대는 내가 타인을 위해 기여할 수 있는 사람이라는 자기 존재의 가치에 대한 확인이 우선이며, 그러한 자부심이 있어야 가능하다고도 했다. 그것이 연대를 가능하게 하고, 그것이 연대의 실체다.

그런데 실은 바로 그 지점에서 많은 사람들이 무너진다. 자존감이나 존재감 이전에 자신의 생존마저 위협받는 현재의 상황에서 자부심을 찾고 유지하기란 너무나 어려운 일이다. 사실 대부분의 사람들은 자신에 대한 부정적인 감정들과 싸우는 일로 일상을 소진하고 있다.

이런 부정적인 감정은 대부분 우리 안에서 온다기보다 외부, 그러니까 가족을 비롯한 사회와 시스템이 강요하는 감정인 경우가 많다. 어떤 의미에서는 자신의 주관적 감정이라기보다는 규율화된 사회적 감정에 가깝다. 그런 감정에 휘둘릴 때 극단적인 상태에 빠지기 쉽다.

이때 우리에게 필요한 것은 정신적인 균형이다. 그러기 위해 자기 안의 선한 에너지와 동맹을 맺을 필요가 있다. 자기만의 자원, 힘의 근원을 찾아야 한다. 즉, 고유 에너지원의 위치를 확인하는 일이다. 그런 의미에서 자신을 향한 부정적인 감정으로 손꼽히는 것들을 제대로 다뤄볼 필요가 있다.

왜 게으르게 살면 안 되는가?

이옥순은 그녀의 책 《게으름은 왜 죄가 되었나》에서 부지런함과 게으름은 서로 반대말이 아니라고 설명한다. 그리고 〈개미와 베짱이〉 같은 우화들이 끊임없이 유포되는 것은 지배자인 갑의 이득이 우선시되기 때문이라는 것이다.

사람들은 게으르면 쓸모없는 인간이라고 생각한다. 하지만 어느 시대를 돌아봐도 가장 게으른 사람들은 지주, 자본가, 재벌과 같은 사람들이다. 그들은 자기가 해야 할 일을 모두 다른 사람들에게 넘긴다. 어떤 이들은 그들이 부지런하다고 말하지만 그들이 버는 돈에 견준다면 우리 같은 노동자들에 비해 수천 배는 더 열심히 일해야 한다. 그런 면에서도 그들은 게으르다.

우리 자신의 욕망을 들여다보아도 그렇다. 열심히 일해서 돈을 많이 벌려는 이유는 무엇인가? '게으르게 살기 위함'이 아닌가. 헨리 데이비드 소로가 《월든》에서 소개한 에피소드처럼 말이다. 전 세계를 다니며 무역을 하고 많은 돈을 벌고 있다며 떠벌리는 부유한 무역상에게 소로는 묻는다. "그렇게 돈을 많이 벌어서 무엇을 하려 합니까?" 그러자 무역상은 대답한다. "이렇게 조용한 바닷가에 집을 짓고 바다를 보며 편하게 살고 싶어서 그렇소." 그러자 소로는 속으로 생각한다. '나는 지금 벌써 그렇게 하고 있는데….'

게으름에 대한 우리의 속마음은 이런 게 아닐까. '게을러질 수 있을 때까지 게으르면 안 돼!' 게으를 수 있는 권리, 게으름을 누릴 수 있는 자격은 '환상' 속의 부를 갖게 되었을 때이며, 그 전에는 게을러서는 안 된다는 생각. 이것이 게으름에 대한 우리의 이중적인 태도다.

우리는 심지어 정당한 휴식과 숨 고르기까지도 거의 자동적으로 게으름으로 분류해 버린다. 자투리 시간을 활용해 어학 공부를 하거나 실력을 높이거나, 메모하고 글을 읽고 뭐라도 해야만 마음이 놓인다. 그렇지 않으면 시간을 허비한다면서 자책하기도 한다.

그런데 생각해 보자. 왜 게으르게 살면 안 되는가? 필자의 친구 중 울리(본명을 밝혀도 좋다고 허락했다)는 1년 중 일하는 날이 고작 넉 달도 되지 않는다. 나머지 시간은 정말 아무 일도 하지 않는다. 그런데도 그는 이 지구상에 집이 세 채나 있다. 물론 그 집의 가격은 세 채를 다 합해도 2천만 원이 넘지 않는다. 하나는 남미에, 하나는 그의 고향 독일에, 또 하나는 뉴질랜드에 있는데, 세 채 모두 깊은 숲 속에 있어 전기도 들어오지 않는다.

울리를 만난 건 공동 생산과 공동 분배를 운영 원칙으로 하는 뉴질랜드의 한 공동체에 머물 때였는데, 이름을 잘 기억하지 못하는 나는 종종 그의 이름을 헛갈려 부르고는 했다. 내가 미안하다고 하면, 그는 뭐라고 불러도 상관없다며 'Shit'이라고 불러도 자신은 달라지지 않으니 괜찮다고 성자 같은 웃음을 지었다. 그가 곁에 있으면 항상 주위에 편안한 기운이 퍼진다. 명상을 무슨 노동을 하듯이 수십 년 했다는 사람에게서도 느끼기 어려운 아우라였다.

그는 한두 달 정도 목수로 열심히 일해 돈을 모아 비

행기 표를 산다. 그리고 남미의 집으로 날아간다. 거기서 한참 지내다가 다시 좀 일을 해서 독일이나 뉴질랜드로 간다. 빗물을 받아 식수와 생활용수로 사용하고, 발전기를 돌려 전기를 얻고, 태양광으로 난방을 하며 살아도 그는 편안하다. 아무도 이런 그를 게으르다고 욕하지 않는다. 누구에게도 그렇게 살아가는 그를 비난할 권리는 없다. 게다가 삶이 편안한데 누가 그를 비난하겠는가.

또 한 가지 그의 '게으름'이 주는 장점이 있다. 마음이 바쁘지 않고 항상 편하게 고요한 상태이니 주변의 위험한 요소나 사람들의 심리 변화를 쉽게 감지할 수 있다.

어느 날 울리와 함께 차를 마시다가 그가 문득 편한 미소와 함께 다음과 같은 말을 던졌다. "너 요즘 미간을 자주 찌푸려. 전보다 훨씬 더 많이. 미간 펴고 논문 써. 그러면 더 잘 써질 거야."

당시 나는 공동체의 헛간 같은 방을 따로 꾸며서 깨어 있는 시간의 대부분을 논문만 쓰면서 지내고 있었다. 가끔 식당에서 마주치는 그가 길지 않은 순간에 나의 변화를 감지한 것은 늘 주변을 살피고 느끼고 있었기에 가능했을 것이다. 그는 사소한 듯하지만 사람들에게 일어나는 중요한 변화를 아무렇지 않게 편한 얼굴로 얘기해 주고는 했는데, 그의 관찰과 조언을 들은 사람들은 삶의 어떤 결절(結節)이 풀리는 느낌이 든다고 했다.

울리의 이런 삶을 구태여 찬양할 것도 아니지만, 그렇다고 비난할 권리는 누구에게도 없다. 문제는 자신의 '게으름'에 대해 가장 신랄하게 비난하는 것은 바로 자기 내면의 목소리라는 것이다. 그리고 그 내면의 목소리조차도 사실 자기 것이 아니라 타인의 가치가 내재화된 것일 가능성이 높다.

우리의 근면에 기대어 더 많은 부를 쌓고 이득을 보는 자들은 자본가와 그에 빌붙어 기생하는 정치인들 그리고 관료들이다. 우리가 오롯이 자신을 쉬게 할 때, 우리는 자신을 위해 사용할 수 있는 중요한 에너지원을 얻는다. 충분히, 충분히, 충분히 쉬었다고 느낄 때까지, 일하고 싶다는 생각이 들 때까지 쉬는 것이다. 이제는 그런 삶을 상상이라도 하자. 그리고 그 상상을 이루기 위해 더 많이 가지려 할 것이 아니라, 가진 것을 활용하고 그 규모에 맞춰 자기 방식의 삶을 고민하자.

일하기 위해 쉬는 것이 아니라 쉬기 위해서 일하는 삶을 살아야 한다. 그렇다면 우리는 타인과 함께할 시간도 더 많아질 것이고, 더 좋은 삶에 대해 생각하고 상상하고 그것을 실현시킬 가능성도 더 높아진다. 게으름은 우리를 안정시키는 에너지다. 그것을 게으름에 대한 자기만의 잣대로 비난하고 모독하는 무리의 전략에 휘둘리지 않아야 한다.

진정한 문제는 게으름이 아니라 쉼조차 게으름이라고 믿는 태도와 그것을 비난하는 마음이다. 쉬고 있는 자신을 최소한 게으르다고 비난하지는 말자. 모든 생물체는 먹이를 구하는 시간을 제외한 나머지 시간에는 그냥 쉬거나 놀거나 가만히 있다. 인간도 그럴 수 있지 않은가?

우울이 주는 하나의 가르침

거칠게 분류해 보면, 70년대의 정치적 압제와 80년대의 분노, 90년대의 발산의 시대를 거쳐 2000년대는 우울과 공황의 시대가 계속되고 있다.

우울은 지극히 개인적인 것으로 이해된다. 그 자체가 가진 역동이 자기 안으로 침잠하는 것이기 때문이다. 하지만 개인에게만 우울의 원인을 돌릴 수는 없다. 우울증은 타인과의 관계에서 당당하게 표현되어야 할 분노가 좌절되고, 그 좌절을 자신에게 책임지우면서 발생할 때가 많기 때문이다. 즉, 분노가 자신을 향할 때 우울로 변환된다.

하지만 우리 삶에서 정당한 분노를 표현하고 이를 바로 잡을 수 없는 일이 얼마나 많은지! 아주 개인적인 관계에서도 관계의 파탄을 걱정한 나머지 자기감정을 말하지 못할 때가 많다. 직장이나 사업이라는 조직체계 안에서 일하는 대부분의 성인들이라면, 자신은 한낱 부품에 불과하며 자신이 바꿀 수 있는 것은 아무것도 없다는 것을 해가 갈수록 절감하면서, 종내에는 자신을 아주 하찮은 인간으로 평가절하하기에 이른다.

예를 들어, 거듭 승진에 성공해서 높은 직급에 오르는 사람들 중 상당수는 그야말로 온갖 술수와 정치로 직급의 사다리를 올라가는데, 정작 인간의 품위를 지키며 자신에 대한 긍지를 포기하지 않으려 애쓰는 사람들은 그런 자신을 하찮은 인간이라고 생각한다. 정말 하찮은 인간들은 자신을 하찮다고 생각하지 않는데, 자긍심을 지키려 했던 사람들이 스스로를 그렇게 여긴다. 몸 바쳐 일했는데 어느 날 나가라고 하고, 일은 쥐뿔도 안 하고 뺀질거리며 높은 사람 비위만 맞춘 인간들이 인사권을 휘두르는 세상에서 우울해지지 않는다면 그것이 이상한 일이다.

그렇다. 우울한 인간은 정상이라는 말이다. 인간은 우울을 느껴야 하며, 그것이 바로 우울이 선함과 연결되어 있다는 반증이기도 하다. 자신이 사는 환경을 더 나은 곳으로 만들려 하고 자기가 하는 일이 정당하게 진행되기를 바라는 사람들이 그에 걸맞게 대우받아야 함에도 불구하고, 자신의 이득만을 교활하게 취하는 자들이 더 성공한다면 우리는 그것에 대해 부당함을 느끼고 어떤 정서적 불균형을 경험해야 한다. 그것이 정상이다. 이처럼 우울은 자신이 추구했던 어떤 가치나 그 가치를 접합시킨 대상을 상실했을 때 발생한다.

성공만을 갈급해하고 타인을 자기 출세의 재료로만 여기는 자는 쉽게 우울을 느끼지 않는다. 그들이 만약 우울을 느낀다면 그 우울은 가짜다. 악어도 눈물을 흘리지만 그것은 먹이가 잘 잡히지 않아서이고, 히틀러도 고뇌했지만 그것은 자기 맘껏 유대인을 죽일 수 없는 것이 너무 분했기 때문이다. 진정 우울한 사람은 '자신'을 학대한다.

그래서 우울한 사람은 선한 사람이다. 타인에게는 선했지만 자신에게는 가혹한 사람이다. 이것이 우울이 주는 하나의 가르침이며, 우리 삶의 불균형의 근원을 알려 주는 나침반이다.

지금껏 우리는 선하게 살라고 강요받았다. 타인을 먼저 배려하고 관계를 잘 유지하기 위해 참는 것이 미덕이라고 배웠다. 이것은 동서양을 막론하고 거의 흡사하다. 자신의 감정을 지나치게 드러내지 말고, 부정적인 감정은 가능한 한 자신의 부덕으로 돌려야 하며, 그것들을 자기 성찰의 근거로 삼아야 한다고 배웠다. 그래서 자신의 요구와 감정을 드러내면 이기적이며 철없는 인간이라고 비난받는다. 세상의 모든 정당한 요구들도 다 이렇게 비난받는다. 한국에서 노조가 환영받고 파업이 칭송된 적이 있는가? 부하 직원들의 정당한 요구를 귀담아 들으며 흔쾌히 시정에 나서는 상사가 얼마나 있던가? 학생들이 일방적이고 반인권적인 학교 교칙이나 처벌에 저항할 때, 어떤 어른이 손을 들어 주었나? 심지어 억울하게 자식을 잃은 부모들이 진상 규명을 요구할 때조차 '시체 장사'라며 모독한 국회의원이 더 득의양양한 세상이 아니던가.

왜 우리는 자신에게는 가혹하며 타인에게는 관대하도록 강제되었을까? 어른들이나 세상의 요구에 의해, 타인과의 관계에서 자신이 가치로 받아들인 그 선함을 행했지만, 그것이 자신에게 고통으로 보상된다면 그 가치는 사라진다. 선함을 이루려 했던 대상이 결코 그럴 만한 것이 아니었음을 절감할 때 선함과 결합되었던 그 대상조차 잃게 된다. 결국 우리는 중요한 가치로 믿었던 것, 그 대상의 상실로 인해 사회적 우울의 피해자가 된다. 여기서 함정은 그 선함의 행위에 자신을 수혜자로 상정하지 않았다는 점이다. 자신 역시 보호받고, 존중받아야 하며 자신의 선함과 동맹을 맺어야 함을 간과했다.

반론의 여지가 있음을 인정하지만, 필자는 우울이 선

함의 에너지이며 그 의지라고 주장한다. 하지만 앞서 말했듯, 우울의 역동은 자신 안으로 침잠하면서 외부와의 관계를 통해 해결하기 어려운 일이 된다. 그래서 그 안에 갇혀 자신을 나약하거나 어리석은 사람으로 자책하고 징벌한다. 이렇게 개인을 옴짝달싹하지 못하게 만드는 이것이 우울의 기제다. 이 사회에서 살아가는 사람들에게 가장 흔히 발생하는 것이 우울이라면, 이는 사회가 만든 것일 수도 있다(그렇다고 개인의 책임이 완전히 면제되는 것은 아니다).

우울증자를 양산하는 사회, 그런 사회의 어른들이 양육하는 아이들. 그렇게 강제되는 사회라면 답은 너무나 자명하다. 우리는 자신을 선하게 대해야 한다. 모두는 자신부터 먼저 선하게 대해야 한다. 또한 선한 사람은 존중받아야 한다. 이것이 자신과 연대하는 첫걸음이다. 그리고 그만큼 타인을 선하게 대할 때 진정한 의미의 공공선이 실현될 것이다.

앞에서 우울이 가진 사회 내의 개인과 외부의 역동에 대해 살펴봤다면, 개인에게 주는 내적 의미에 대해서도 잠깐 이야기해 보자. 우울은 외부로만 쏠렸던 에너지를 자신에게로 돌리는 힘을 가지고 있다. 몸이 무리하면 몸살이 나듯 지나치게 외부로만 팽창되어 뻗어 나갔던 에너지가 결정적으로 혹은 지속적으로 좌절을 경험하면 자율 조정 능력은 외부로 뻗쳤던 힘만큼 내부로 에너지의 방향을 돌려 자신에게 집중하도록 유도한다.

우울할 때만큼 자신의 감정 흐름에 예민한 때는 흔치 않다. 평소에는 신경도 안 쓰다가 위장에 탈이 나면 그때부터 꼬르륵 소리 하나에도 주의가 집중되는 것처럼, 우울할 때 인간은 내부 자극에 예민하게 반응한다. 그래서 우울은 많은 예술가들에게 영감의 친구가 되어 왔다. 자신에게 집중할 때만 획득할 수 있는 세상에 대한 감각과 표현 방식이 일깨워지는 것이다.

정리하면, 우울 역시 어떤 에너지의 심리적 양태다. 그 에너지는 우리의 삶이 외부로만 뻗어 나가 자신에게 민감하지 못했을 때, 그 균형을 잡고자 구심력을 발휘하는 힘이다. 자기 삶의 중심축에 근접할 수 있도록 내적 균열을 치유하라는 강제력이기도 하다. 그리고 그 균열의 지점을 더듬고 치유하는 과정에서 시를 쓰고 그림을 그리거나 일상의 아름다움을 발견할 수도 있고, 다시 회복의 전망을 바라게 된다. 우울은 어떤 지점에서 자신이 원하는 만큼 자신의 말을 하지 못했다는 것을 알려 주는 반동력이며, 세상으로부터의 일시적 망명을 명령하는 내면의 힘이기도 하다.

무기력, 무가치감에는 정당한 이유가 있다

우리는 종종 어떤 일을 시작도 하기 전에 '이걸 해서 뭐하나?'라던가, 한참 일을 하면서도 '내가 왜 이러고 있지?' 하는 자신의 행위에 대한 무가치감에 압도당할 때가 있다. 필자는 그런 무가치감은 대체로 정당한 감각이나 판단이라고 생각한다. 심지어 자신이 하는 일에 대해 언제나, 항상 무가치감을 느낀다 하더라도 그것은 결코 잘못된 것이 아니다. 그렇게 느끼게 된 데에는 어떤 연원이 있으리라 생각하기 때문이다.

필자는 자신의 행위에 대한 무가치감은 기본적으로 본능과 연결되어 있다고 생각한다. 결론부터 말하자면, 무가치감은 나를 타인에 의한 착취로부터 더 이상 피해받지 않도록 보호하는 에너지에서 발생한다. 앞서 말한 우울이 분노와 깊게 연관되어 있다면, 무가치감 또는 무기력함(물론 둘은 다르게 사용되는 말이다)은 착취, 소진됨과 깊이 연관된 감정이다.

내게 꼭 필요한 일만 한다면 결코 그 일에 대한 나의 행위가 무가치하다고 생각하지 않으며 무기력감으로 무릎이 꺾이지도 않을 것이다. 하지만 어떤 일에 대한 정당한 대가가 주어지지 않거나, 정당한 대가를 얻더라도 그로 인해 타인이 더 큰 이득을 챙긴다면 우리는 시간이 지날수록 소진되어 갈 것이다. 물론 일을 많이 해서 소진될 때도 있지만 정당한 결과를 얻는다면 무가치함으로까지 치닫지는 않을 것이다. 매일 12시간을 일하더라도 하루 순익이 2, 3백만 원인 식당의 주인이라면 피곤할지언정 소진되지는 않는다.

대기업의 직원들이 새벽 출근, 새벽 퇴근을 하더라도 버티는 것은 연봉이 중소기업보다 높은 것이 큰 이유가 된다(물론 중소기업 직원들의 노동시간이나 강도가 대기업보다 결코 작다고 생각하지는 않는다). 하지만 시간이 지날수록 노력에 비해 연봉을 비롯하여 승진 등의 문제에서 자신이 정당하게 대우받지 못한다는 사실을 인지하게 된다면, 누구나 무기력을 느끼면서 자신의 일에 대한 가치감도 점점 하락할 것이다.

자신의 노동과 노력이 헛된 것으로 드러나는 경험을 반복적으로 하게 될 때, 어떤 이들은 철저히 시니컬해진다. 직장에서는 그냥 주어진 일만 하고 정서적인 에너지는 가능한 한 사용하지 않는 방식을 택하기도 한다. 만일 아직도 정당한 보상에 대한 미련을 버리지 못한다면 얼마 안 가 무기력과 무가치감을 느끼는 상태가 될 수도 있다.

정당한 보상을 받는 것처럼 보이지만 무가치감과 무기력을 느끼는 것에 대해서는 어떻게 설명할까? 필자의 고향 친구 중에 꽤 성공한 자산가가 있다. 하지만 그는 어느 날 아침 문득, 자신이 헛된 짓을 하고 있다는 생각이 들었다고 한다. 삶과 자신의 일에 대한 무가치감에 빠져 서류에 서명 하나 하기도 힘들 지경이 되었다. 그런 과정을 겪으면서 그는 대부분의 사업을 정리하고 기타를 치고 노래를 만들며 한량처럼 살기 시작했다. 그와 술잔을 나누며 들은 이야기는 이랬다.

중학교 3학년 때 그의 아버지가 돌아가셨다. 돌아가시기 1년 전, 아버지는 회사 부도와 사기 피해를 함께 당해 집안은 풍비박산이 나버렸다. 그때의 충격으로 아버지는 화병과 알코올 중독으로 고생하다가 돌아가셨다. 아버지의 장례를 치르던 중, 새벽이 되어 문상객들이 대부분 돌아가고 그와 여동생, 그리고 어머니만 남았다. 그제야 어머니는 참았던 울음을 터뜨리며 서럽게 통곡하셨다. 그는 그때 어머니의 울음소리가 모두 흡수되어 자기 몸으로 빨려 들어오는 것 같았다고 했다. 흡사 큰 깔때기에 어머니의 울음을 모두 담아 자신의 몸 안으로 들이붓는 듯한 느낌이었다. 그때 그는 '이제 이 집은 내가 책임져야 하는구나. 돈을 벌어 아버지의 죽음을 보상하고 어머니의 통곡을 멈추게 해야 한다'는 생각이 인이 되어 박혔다. 그는 오직 돈만을 생각했고 돈을 벌기 위해 모든 감각을 집중했다. 쉬는 것, 낭비하는 것은 상상할 수도 없었다. 그렇게 그는 30년을 살았다.

아버지가 돌아가시기 전, 아니 아버지가 망하기 전 그는 기타에 심취해 있었다. 퀸(Queen) 같은 그룹을 만들어 록 음악을 하고 싶었다. 부유한 집이었기에 전축도 있고 음반도 원하는 것을 사서 듣기에는 부족함이 없었다. 그는 기타를 치고 노래를 짓는 사람이 되고 싶었다. 하지만 아버지의 장례식장에서 들은 어머니의 통곡은 그런 삶을 포기하고 아버지를 대신해 자신(어머니)과 동생들을 예전처럼 부유하게 부양하라는 거역할 수 없는 명령이 되어 날아왔다.

그는 아버지의 대리인으로서 어머니의 요구를 충족하기 위해 인생을 다 소진해 버렸다. 그래서 아무리 많은 돈을 벌었어도 그는 자신의 삶이 착취당했으며, 자신에게 정당한 보상을 해준 적이 없음을 알게 된 것이 아닐까. 사회적 성공으로는 어느 정도 보상받았지만 그의 무가치감과 무기력은 필연적으로 발생할 수밖에 없었다. 그렇게 되자 자기 삶을 타인에게 내어 주는 행위는 할 수가 없었다.

요즘은 심지어 중고등학교를 다니는 청소년들 중에도 무기력하고 아무것에도 흥미를 느끼지 못하는 아이들이 많다. 청소년 자녀를 데리고 상담실에 오는 상당수의 부모들이 고민하는 문제다. 그런 아이들에게 있는 무가치감, 무기력의 원인은 어른들의 그것과 크게 다를 바가 없다. 자신이 열심히 공부하는 것은 부모를 기분 좋게 하기 위해서라는 것을 아이들도 알기 때문이다. 부모의 만족을 위해 자신을 희생한다는 사실을, 그 부당함을 아이들이라고 해서 느끼지 못하는 것은 아니다.

그래서 자기가 하는 일에 대한 무가치감이나 자기 행위에 대한 무가치감은 정당하게 보상받지 못했다는 것을 알려 주는 감각이며 더 이상 자신의 삶을 타인에게 착취당하지 않도록 보호하는 중요한 에너지가 된다. 이것이 바로 정당한 보상을 받지 못해 느끼는 자기 행위의 무가치감이든, 타인을 위해 평생을 살다 느낀 무가치감이든, 우리가 느끼는 무가치감에는 정당한 이유가 있을 것이라고 주장하는 이유다.

만약 삶에 대한 무가치감이 엄습해 와서 아무것에도 흥미를 느끼지 못하고 무기력한 시간이 쌓여 간다면, 앞에서 논의한 방식대로 자기 삶을 점검해 보면 좋겠다. 자신의 선한 의지와 노력이 무가치감으로 전락한 채 시들어 버린다면 너무나 슬픈 일이 아니겠는가. 이것이 자신과 선한 동맹을 맺고, 주변과 연대하기 위해서 자기에게 정당한 보상과 진정 자신에게 이득을 주는 행위를 고민하기 위한 첫걸음이다.

분노나 폭력성은 외부로 드러나는 에너지?

지금까지 논의한 게으름, 우울, 무가치감 같은 감정이 비교적 수동적이고 자기 안으로 몰두하게 하는 에너지라면 분노나 폭력성은 외부로 드러나는 에너지다. 미리 말해 두지만 이 글은 분노와 폭력성을 장려하려는 것이 아니다. 분노와 폭력성이 지닌 부정적인 측면은 어떻게 형성되는지, 그 힘을 더욱 승화(昇華)시켜 사용하기 위해 무엇이 필요한지를 논의하고 싶은 것이다. 물론 분노와 폭력성은 서로 다른 형태의 감정이며 행위다. 분노 없는 폭력도 있고, 폭력 없는 분노도 있다. 하지만 공격적 표현 방식의 하나라는 측면에서, 그리고 대표적인 부정적 자기 표현 방식으로 사회적인 비난을 받는 행위라는 측면에서 분노와 폭력성을 함께 다루고자 한다.

분노는 투사(鬪士)의 친구이며 부당함에 대한 정정을 요구하는 중요한 시발점이다. 폭력을 통해서만 정의를 이룰 수 있다고 주장한 20세기의 문제적 인물 레닌도 있다. 민주주의가 본래의 목적대로 정착되지 못한 국가에서 권력을 찬탈하는 가장 전복적인 방법은 쿠데타다. 모든 민주 혁명에서도 폭력은 분노로부터 힘을 얻어 그 목적을 이루어 내는 힘으로 작용했다. 즉, 부정적이건 긍정적이건 사회 변혁의 기본 에너지는 분노와 폭력에서 힘을 얻어 왔다.

솔직히 고백하건대, 필자는 국가권력에 대항해 비폭력 투쟁을 주장하는 입장에 대해서는 생각이 좀 복잡하다. 개인 간 폭력에 대해서는 분명히 반대 입장이지만, 국가가 저지르는 제도적 폭력에 대해 비폭력으로 대항하자는 것은 게임의 룰 자체가 공정하지 않은 것이라고 생각한다. 청소년을 포함해 300명에 이르는 사람들이 죽어 가는데도 국가는 그야말로 아무것도 하지 않았다. 헬기를 수백 대 띄우고 조명탄을 대낮처럼 밝혀 놓았다고 조직적인 거짓말을 했다. 이것은 폭력이 아닌가? 아니, 이것을 폭력이라 부를 수는 없다. 그것은 야만이다.

폭력이 야만이 되기 위해서는 두 가지 조건 중 하나라도 갖춰져야 한다. 이유 없이 죽이거나 폭력을 행사하는 것(또는 쾌락을 위해 그렇게 하는 것), 그리고 폭력을 위해 도구를 사용하는 것. 이 둘 중 하나라도 폭력과 함께 행사되었다면 야만이라고 불러야 한다. 그래서 고문이나 강간은 폭력이 아니라 야만인 것이다. 국가가 언론이라는 거대 도구, 국가 조직이라는 최고 권력 제도를 이용해 아무런 이유도 없이 죽어 가는 수백 명의 목숨을 구하지 않고 이를 생중계했다면 그것은 폭력을 넘어선 야만이다.

우리 사회는 국가 폭력은 간단없이 횡행하도록 내버려 두면서 개인의 폭력은 거세하지 못해 안달이다. 더 교묘한 것은 국가 폭력은 대체로 물리적으로 직접 상해를 가하지 않고, 법과 제도라는 이름으로 개인에게 내상(內傷)을 입힌다는 점이다. 박정희나 전두환 군사 정권 시절 횡행했던 간첩몰이 사건은 대부분 그 피해자들이 간첩이 아니라는 사실이 얼마 지나지 않아 밝혀졌다. 이명박 정부가 들어선 후에는 노동조합으로 파업에 참여했다는 이유를 들어 소송을 제기해 연봉의 수십 배에 달하는 손해배상금을 물어내게 하고, 이를 국가의 이름으로 집행해서 파산시켜 버렸다. 어느 선진국에서도 찾아볼 수 없는 치졸한 일들이다. 힘없고 돈 없는 노인들을 굶어 죽게, 또 얼어 죽게 만들면서 재벌들에게는 특혜를 주지 못해 안달하는 국가 정책은 미필적 고의를 넘어선 폭력이며 살인이다.

검열이라는 이름의 국가 폭력에 대해서도 빠뜨리지 말고 논의해야 한다. 정부가 한 SNS 서비스 업체를 통해 오고가는 사람들의 대화 내용을 검열한다는 사실이 밝혀지자, 많은 사람들이 이른바 '인터넷 망명'을 했다. 여기에는 검열에 응한 회사에 대한 불신감과 분노와 함께 두려움이 잠재되어 있다. 이제 우린 자기 글에 대해 자체 검열을 한다. 이런 것들이 전부 폭력이라는 인식이 있어야 한다. 그러지 않으면 우리의 폭력성이 지닌 에너지를 올바르게 사용할 수 없다.

청소년의 학교 폭력이 극성에 달하자, 온갖 관료들과 많은 교사들, 그리고 교육 전문가며 심리 전문가라는 사람들이 나와서 아이들의 폭력성에 대해 우려를 표하고, 또래 집단 내 관계와 역동의 문제, 학업 스트레스와 교육 시스템의 불합리에 대해 앞다퉈 의견을 개진한다. 그들의 관심은 대부분 어떻게 하면 아이들의 공격성(폭력성)을 거세하거나 순화시킬 것인가에 있다. 예를 들면, 학교에 상담 교사를 더 많이 배치하고 정신건강 테스트를 실시해 고위험군을 선별하여 미리 조치를 취하는 것 등이 대표적이다. 그래서 지금 학교 폭력은 이명박 정부 시절에 비해 조금은 주춤한 상태가 되었다. 하지만 청소년 자살률은 여전히 세계 1, 2위에 머물러 있고, 아이들은 타인을 괴롭히지 못하니 자신을 가해하는 방식을 택하고 있다. 제도와 시스템으로 압제하는 사회에서 개인의 폭력성을 '적응, 부적응'의 구조로 순치시켜 버리는 이 상황을 분노하지 않는다면 그것이 오히려 이상한 것이 아닐까.

우리가 분노하고 폭력성을 발휘해서라도 거부해야 하는 것이 바로 이 지점이다. 우리가 정당성을 주장하기 위해 표하는 분노나, 국가 폭력에 대항하기 위한 정당방위로서의 행동들을 폭력이라고 규정하는 것은 그 자체가 교활한 국가 제도 폭력이다. 자신에게 유리한 제도에 순응하도록 만들기 위해 자본가들과 국가는 개인의 분노를 반사회적인 행동으로 비난하고, 개인의 폭력성을 거세하거나 길들이고자 한다. 인간의 분노, 폭력성은 승화의 대상이지 순화나 거세해야 할 몹쓸 것이 아니다. 오히려 우리는 지금 제대로 분노하지 못하고 있고, 자신을 지킬 수 있는 폭력성도 제대로 발휘하지 못하고 있다.

우리는 상황을 너무 낭만적으로 보고 있는지도 모른다. 예를 들면, 우리는 늘 이런 말을 들어 왔다. "사람이 밝은 면만 보고 긍정적으로 살아야지!" 하지만 이런 말을 강압적으로 하는 사람들 치고 밝고 긍정적으로 사는 사람을 별로 보지 못했다. 사실 이런 말은 가해자의 언어다. 피해자가 고통을 호소해 오면 "너는 왜 과거에만 묶여서 뒤만 보고 사느냐, 사람이 앞을 보고 살아야지!"라고 호통을 친다. 하지만 이런 사람들이야말로 아무것도 변화시키려 하지 않고 자신들에게 유리한 상황을 그대로 유지하려는 수구적인 자들이다. 앞을 향해, 미래를 향해 나가

자는 말은 오히려 보수 정당(한국에서 보수 정당은 사실 '수구' 정당이다)이 더 많이 하지 않던가. 왜냐하면 그들에게 어떤 과거는 국민의 머리에서 빨리 지우고 싶은 기억이기 때문이다. 그러면서 과거의 통치 방식은 하나도 바꾸지 않고 그대로 적용하려고 안간힘을 쓰고 있다.

인간의 어두운 면에 천착해서 그것을 극복하려 했던 사람들은 우울하고 심지어 음습해 보이지만 사실은 그들이야말로 인간의 진정한 긍정성과 낙관성에 의지했던 사람들이다. 예를 들면, 스피노자나 니체 같은 실존주의자들 말이다. 폭력은 물론 물의를 일으킨다. 목격한 사람들에게 두려움과 공포를 준다. 그것이 폭력이 가진 의도 중 하나다. 그래서 사람들은 폭력이 발생하는 상황을 피하고자 한다. 이런 점을 노리고 국가와 제도는 자신이 지닌 폭력을 교묘하게 행사하면서도, 개인에게는 폭력을 행사하지 말라고 하는 것이다.

폭력에 대한 필자의 입장은 부당한 제도와 압도적인 폭력에 대항하여 '나 자신은 정당한 폭력을 행사할 가능성이 있다'는 것이다. '결코 폭력을 사용해서는 안 된다'라는 생각으로 나의 폭력성을, 그것이 지닌 생산적 가능성까지 포함해 한꺼번에 거세하고 싶지는 않다.

'비교하기'에서 시작된 경쟁심과 열등감

경쟁심은 일반적으로 시기, 질투, 그리고 열등감을 유발한다. 이 세 가지 개념을 하나로 묶어 말하기에는 다른 지점이 많긴 하다. 하지만 이것들은 자기 확장의 원동력이 된다는 차원에서는 유사한 에너지라고 할 수 있다. 시기는 질투에서 비롯된 '행위'이다. 질투는 그 자체로 질투하는 대상에게 영향력을 행사하지는 않는다. 열등감은 더 개인 안으로 들어와 자신을 비하하는 감정이다. 어쨌든 이 세 가지는 '비교하기(또는 비교됨)'로부터 시작되는 감정이며, 자기 확장의 시발점에 불을 지르는 에너지다.

어느 순간 누구와 비교하거나 비교가 되면 시기, 질투나 열등감으로 자신의 태도가 결정된다. 경쟁심에서 비롯된 시기나 질투는 자신보다 더 낫다고 믿는 그 대상을 향하고, 열등감은 그보다 못한 자신을 탓하는 방향으로 갈린다. 이것이 어떻게 개인에 따라 다르게 방향성을 결정하는가 하는 문제는 이 글에서는 논외로 한다. 다만 여기서는 '비교하기' 또는 '비교됨'이라는 기준의 내사(內射)에 대해 이야기하고, 경쟁심으로 비롯된 시기와 질투와 열등감이 지닌 에너지를 어떻게 보아야 하는지 논의해 보자.

먼저 비교하기 또는 비교됨은 주체의 입장에서는 상당히 다른 행위다. 비교하기는 내가 능동적으로 하는 것이고, 비교됨은 피동의 입장에서 높낮이가 선별되는 것이다. 그러나 비교하기라는, 일견 능동적인 입장을 취했다 하더라도 그것은 이미 옛날에 누군가에 의해 비교당하는 경험을 지속적으로 거쳤고, 그것을 어느새 자기 안에서 가치 구조로 내면화했기에 가능한 일이다.

예를 들어, 자라면서 끊임없이 다른 형제들과 비교 대상이 될 때, 비교당하는 행위는 본인이 죽도록 싫어하는 일이라 할지라도 어느새 자신도 모르게 타인과 경쟁하고 우위를 가름하는 태도를 가지게 한다. 대부분의 형제, 자매, 남매 모두가 손쉽게 비교의 대상이 된다. "오빠는 점잖은데 너는 왜 그러니?" "형만 한 아우 없다더니 그 말이 딱 맞네." "다른 집은 형들이 양보하고 동생을 돌본다는데 너는 왜 그렇게 너만 아니?" "딸내미 열심히 키워 봤자 아무 소용없어, 다 사돈 좋은 일만 시키는 거지" 등등. 남녀와 서열에 따라, 또는 각자의 능력에 따라 아이들은 늘 비교된다. 심지어 엄마가 아빠와 아들을 비교하고, 아빠가 엄마와 딸을 비교하기도 한다. 더 나쁜 것은 자녀의 개성과 능력을 있는 그대로 받아들이지 않고 부모 자신의 기호에 따라 비교하고 편애의 기준으로 삼는 것이다.

한국 사회에서 가장 흔하고 지독한 우열의 평가는 태어날 때 이미 성별에서 판가름 난다. 신생아 때부터 성별에 의한 경쟁과 열등감의 대열에 들어서게 되는 것이다. 그래서 성인이 되어서 유독 남자와 경쟁심을 불태우는 여성이 있고, 그 반대의 경우도 있다. 때로는 여성에게 쉽게 주눅 드는 남성도 있고, 권위적인 남성 앞에서는 숨도 제대로 못 쉰다는 여성도 있다. 이렇게 보면, 우리가 일상적으로 느끼는 경쟁심과 우등, 열등감은 굉장히 자연스러운 감정이다. 그래서 부모가 정한 인정과 사랑의 서열 다툼에서 우위를 점하기 위해 시기하고 질투하고, 어떤 경우는 깊은 열등감에 평생 시달리기도 한다. 그래서 시기, 질투, 열등감 등은 모두 자신을 드러내고 자기 존재를 인정받고 확인받기 위한 중요한 정신적 동기에서 출발한다.

이런 내적 태도가 사회적인 배경과 마주하면, 더 다양하고 무의식적인 구조로 경쟁심이 유발되고 시기나 질투, 열등감을 다시금 경험하게 된다.

그렇다면 이런 경험을 자주 일으키는 사회는 어떤 사회일까? 바로 다양성이 허락되지 않는 사회다. 비교는 대상의 종류가 많을 때보다 그 종류가 적을 때 더 확실하고 빈번하게 발생한다. 다양성이 확보된 사회일수록 개인 간의 비교가 덜하다. 하지만 획일화된 사회, 다양성을 두려워하는 사회일수록 인간은 더 손쉽게 비교되고 서열화된다. 예를 들어, 인간을 남자와 여자로만 구분하는 사회는 동성애자나 양성애자, 트랜스젠더나 무성애자 등에 대해서는 자신들이 설정한 성별의 세계로 아예 입장을 허락하지 않는다. 다양한 성 정체성을 가진 사람들이 펼칠 다양한 종류의 성 문화와 사회, 관계의 양상을 통제할 수 없을 거라는 생각에서인데, 더 깊이 들여다보면 사실 그런 세상을 두려워하는 것이다. 그들은 궁극적으로 세상을 통제하고자 하는데, 개인이 다양할수록 통제하기 불가능해진다고 믿기 때문이다.

다양성과 통제라는 것이 어떻게 연결되는지 자본의 사례를 들어 생각해 보자. 한국 사람들은 오랫동안 두 종류의 맥주만 마셔 왔다. 맥주 맛은 거의 변하지 않았으며 두 개의 거대 맥주 회사는 별로 힘들이지 않고 승승장구해 왔다. 두 개의 자본이 맺은 카르텔의 전형이다. 몇 년 전까지만 해도 맥주 시장을 통제하는 일은 그들에게 너무나 쉬운 일이었다. 하지만 시장이 개방되면서 다양한 종류의 맥주가 쏟아져 들어오자, 그들은 그제야 몇 가지 제품을 새로 개발해서 시장을 통제하기 위해 노력한다. 제품 개발비나 마케팅 비용을 지불하기 시작한 것도 이때부터다. 자본가들의 입장에서는 땅 짚고 헤엄치기가 끝난 것이다. 그동안 우리는 땡비와 왕관 중에 어느 것이 더 맛있는지 그 작은 차이를 찾아 입맛 경쟁을 해왔다. 소주도, 콜라도 그랬다.

아파트는 더 전형적이다. 17평 임대에서 40~50평 대형 아파트에 이르기까지, 평수에 따라 우리의 품격도 쉽게 서열화되었다. 그래 봤자 아파트인데 말이다. 오직 집은 아파트밖에 없다고 믿는 한국에서 아파트의 크기와 행정구역은 그 집에 사는 사람의 사회적 성패까지 가늠해 버린다.

필자는 뉴질랜드에서 공부하는 동안 이런저런 이유로 일곱 번도 더 넘게 이사를 다녀야만 했다. 거쳐 간 일곱 개의 집은 모두 주택이었는데, 똑같은 구조를 가진 집은 단 한 곳도 없었다. 집을 구하기 위해 수많은 집을 구경해 봤지만 구조는 모두 달랐다. 모든 집이 그 집의 방향과 택지의 특성에 따라 각각 개성 있게 지어졌다. 그러니 비교한다는 것 자체가 무의미했다. 더 좋고 못한 집은 없이 그저 각각 다른 집들만이 있을 뿐이고, 각자의 개성에 따라 자신이 선호하는 집을 구해서 사는 것이다. 그렇게 사회적 다양성은 개인에게, 또다시 개인의 개성은 사회에 상호 영향을 끼치고 있었다.

한국 사회로 돌아와 보자. 어떤 전자 제품을 살 때 언뜻 생각하면 선택의 리스트에 많은 브랜드가 올라오는 것 같지만 곰곰이 따져 보면 결국 '별세개' 회사 것이냐,

아니냐의 문제로 돌아온다. 저렴하고 실력 있는 중소기업의 전자 제품을 구입한 가정은 사회적 무능력자임을 홍보하는 것이라고 생각하기도 한다. 특히 그것들이 항시적으로 집에 전시해 두어야 하는 가전제품이라면 더욱 그렇다. 많은 여자들은 '누이빗통'이나, '풀하다' 또는 '사내-엘'에서 고만고만하게 경쟁하다가 '애르맸쓰'를 만나면 시기나 질투 또는 열폭의 세계로 들어간다.

하지만 우리가 시기하고 질투하는 세계는 자본과 그에 기생하는 권력이 만든 구조로 이루어진 것이다. 분명히 말하지만 경쟁심으로 인해 발생하는 여러 감정은 더 나은 자신이 되고 싶다는 강한 열망에서 비롯된다. 다만 그 경쟁심을 더 나은 자신이 되는 데 쓰는 것이 아니라, 타인을 헐뜯거나 자신을 괴롭히는 데 이용하는 것에 문제가 있다.

앞에서 말했듯 경쟁심, 시기, 질투, 열등감은 자기 확장의 에너지에서 비롯된다. 이 사회는 우리를 비교로 서열화하고, 우리의 삶을 여러 기준에 따라 순위를 매긴다. 그 대열에서 우리는 수직적 자기 확장에 열을 올리는 것이다. 가랑비에 옷 젖듯, 가족으로부터, 사회와 자본에 의해 수시로 강제된 '비교당하는' 경험은 어느새 자발적으로 '비교하기'라는 능동적인 듯하면서도 자학적인 행위로

몰고 간다.

그래서 이런 제안을 하고 싶다. 이러한 우리의 경쟁심을 더 '나은' 자신이 아니라 타인과 '다른' 자신을 만드는 데 사용하면 어떨까? 이런 노력이 축적되면 우리는 경쟁의 대열에서 벗어나고, 경쟁이라는 단일 구조를 무화(無化)시킬 수 있다. 다른 삶을 선택하는 다양한 개인이 많아지고, 그럼으로써 경쟁이 사라지는 세상을 만들자는 말이다.

2장

생산력의 복원을 위하여

여성성의 말살

한국은 이제 '생산성이 건조되는 사회'가 되어 버렸다. 출산율의 급격한 저하가 그 첫 번째 증거다. "하늘을 봐야 별을 따지"라는 속담도 있지만, 젊은이들이 결혼은 고사하고 연애도 못 하는 초저출산 사회가 된 지 오래다. 원시시대에 모든 여신의 몸은 다산을 상징했으며, 숭배의 대상이 될 만큼 여성과 생산은 인류의 지속을 위한 가장 기초적이고 중요한 요소였다. 그런데 박정희 정권에서 다산을 죄악시하고 난 이후 사회 · 경제적 영향을 지속적으로 받으며 지금, 한국은 심리적으로 '출산 금지' 국가가 되었다.

이보다 더 명확한 사회 · 심리적 증거는 여성성에 대한 왜곡, 건조, 오역 등이 만연하고 있다는 점이다. 우리는 흔히 여성에게는 여성성만 있고, 남성에게는 남성성만 있다고 생각하지만 원래 인간은 거의 동등하게 여성성과 남성성의 가능성을 소유하고 태어난다. 이를 두고 칼 융은 집단무의식이라고 이름한다. 집단무의식이란 태어나면서 이미 소유하고 있는, 그 집단만이 가지고 있는 유전자 속에 새겨진 본능을 말한다.

예를 들면, 새들이 둥지를 그렇게 정교하게 짓는 것은 학습에 의해서가 아니라 선조 새들이 생존을 위해 터득해 온 행위가 일종의 본능으로 대물림되고 진화되어, 후세의 새들은 태어나면서 이미 그런 행위들이 본능적 습속으로 자리 잡게 된다는 것이다. 인제 내린천의 연어들이 태평양을 한 바퀴 돌아 자기 고향으로 알을 낳으러 오는 것도 연어들의 집단무의식이라고 할 수 있다.

인간 역시 현재의 인간이 되기 위해서 가늠하기 어려운 시간 동안 진화를 거듭해 왔고, 그 과정에서 선조에게 체득된 생존의 핵심들이 우리 안에 본능적인 인자로 박히게 되었다.

그 집단무의식의 요체는 남자에게도 여성성이 있으

며, 여자에게도 남성성이 있다는 것이다. 이 개념 자체에 반대하는 페미니스트들도 많은데, 중요한 것은 편의상 여성성, 남성성으로 구분할 뿐 여기에는 어떤 호불호나 선악의 판별은 가능하지 않다는 점이다.

남성성, 여성성의 예를 들면 이런 것들이다. 능동적, 서열, 권위, 법, 제도, 구조, 합리성, 판단, 과학, 이념, 사상, 추구, 기풍, 결정, 동적인 힘, 바람, 폭풍, 뇌성, 번개 등이 남성성으로 분류되는 특성이라면, 수용, 느낌, 감각, 감정, 대지, 잉태, 포용, 수동성, 친밀함, 관계, 예술, 비밀스러움, 돌봄, 개인적, 집어삼킴, 휘감음, 짜증, 상처내기, 숨 막히게 함 등은 여성성으로 분류된다.

우리가 대부분 경험하다시피, 남자에게서 여성성을 발견하거나 그 반대로 여자에게서 남성성을 찾는 것은 쉽지 않다(물론 오히려 자기 성의 특성을 찾는 것이 더 어려운 남자나 여자도 있다). 하지만 남자들에게서 어떤 여성성을, 여자들에게서 남성성의 부분적 특징들을 발견하는 것이 불가능하지는 않다.

중요한 지점은 이것이다. 남성에게 남성성만 있고, 여자에게 여성성만 있다면 그(녀)는 반쪽의 자기만 실현시키며 사는 것이다. 이 두 가지의 다른 성은 한 개인 안에서 가능한 한 모두 실현될 수 있도록 노력해야 한다.

우리는 사회가 발전할수록 개인의 자기실현이 더욱 가능해질 것이라 짐작한다. 그것은 주로 사회적 성공이라는 환상에 기초한다. 그래서인지 한국 사회 구성원의 자기실현은 오히려 갈수록 왜곡되고 편협해지는 것 같다. '생산성이 건조되는' 사회란, 여자들이 잘못하고 있다는 뜻이 아니다. 남자들 안의 여성성도 제대로 발현되지 못하고, 여자들 역시 본래의 여성성을 왜곡해서 사용하는 경향이 늘어나고 있다는 뜻이다.

논란의 여지도 있겠지만, 필자가 가장 눈여겨보는 문제점은 압도적인 남성성이 여성성을 말살한 것이 아닐까 하는 점이다. 언뜻 보면 여성들이 예전에 비해 훨씬 더 많이 교육받고, 사회에 진출하며, 전문성을 갖고 일하고 있지만 그것이 여성성을 실현시키는 방식이라고 보기는 어렵다. 여자들에게 사회적 기회가 더 많이 주어지는 것과 여성성의 발현은 연관성이 그리 깊지 않다. 오히려 여자들이 여성성을 억제하고 남성적인 세계의 룰을 받아들여야 사회적 성공을 할 수 있는데, 어떻게 여성성의 발현이 제대로 되겠는가? 다시 말하지만 여성의 사회 진출 비율의 증가와 인간의 정신 문제에서 여성성의 발현은 오히려 충돌을 일으킨다. 심지어 우리 사회는 저렴한 노동을 제공하는 대체 노동력 집단으로 여자들을 준비시켜 놓고 필요할 때마다 쓰고 버리는 짓을 하고 있다. 수많은 용역 청소 노동자나 서비스 업종 노동자는 누구나 동의하듯이 값싼 노동력을 제공하는 집단이다. 이런 조건은 여성들조차 건강한 여성성을 발현해 낼 환경과는 거리가 멀다. 오히려 여성성은 자본가들이 원하는 생산이라는 미명하에 그 본연의 건강한 생산성이 착취되고 건조될 뿐이다.

남자들이 PT(퍼스널 트레이닝)를 통해 얻은 근육을 자랑스럽게 드러내고(여자들은 이에 환호하며) 이를 남성성의 최고 매력으로 확신하며, 여자들이 극단적인 다이어트로 얻은 몸매를(남자들이 눈길을 떼지 못하는) 여성성의 상징인 양 자랑하는 상황은 이 사회의 수준이 가장 미숙한 단계에 머물러 있다는 증거이다.

건강한 몸은 모든 육체적 · 정신적 행위의 기초로서 삶을 유지하는 근본이지, 그것 자체가 목적이나 찬사의 대상이 될 수는 없다. 그럼에도 불구하고 이 사회는 건강한 몸이 아니라 보기 좋은 몸에 열광한다. 풍요로운 음식의 향연을 앞에 두고 그 유혹을 잘 참아 낸 자들, 가혹한 노동으로 지친 자들의 나라에서 헬스장에서 진땀을 흘릴 수 있는 시간과 돈이 있는 자만이 누릴 수 있는 영광이다. 보톡스 맞는 일은 화장품을 바르는 것만큼 흔한 미용술이 되었고, 쌍꺼풀 수술은 수술도 아니라고 말하는 이 기묘한 세상은 인간의 몸을 도구가 아니라 목적으로 만들어 버린 것 같다. 처음에는 몸을 도구로 자신을 상품화해서 더 많은 것을 차지하려 하다가, 이제는 몸을 바꾸는 것 자체가 목적이 되어 버린 것이다. 도둑을 쫓던 사람이 도둑과 달리기 경쟁을 함으로써 도둑을 잡지 않고 앞질러 달려 나가는 상황이 된 듯하다. 이렇게 한쪽으로 균형이 쏠리면, 나머지 영역에 대한 관심과 에너지가 부족해지기 마련이다.

극도의 남성성에 점령당한 여자

생산성 증대는 여성성과 남성성이 잘 조화될 때 가능하다. 일방적이고 성취 지향적이기만 하면 불화가 생기고, 수동적이고 보듬으려고만 하면 일이 별로 진척되지 않는다. 능동과 수동, 주는 것과 받는 것, 확장과 포용의 균형이 맞을 때 새로운 것들이 만들어진다.

반면 한국 사회는 압도적인 남성성에 의해 여성성마저 시들고 왜곡되는 사회다. 박정희 정권을 압제의 시대라고 말할 때, 그 압제는 개발과 성과라는 미명하에 저질러졌던 수많은 폭력으로 점철된, 독재와 야만의 시대였다. 남자의 여성성은 어머니에 의해 가장 깊게 영향받고, 반대로 여자의 남성성은 아버지의 존재가 치명적으로 중요하다.

칼 융은 여성이 부정적인 남성성을 내면에 형성하게 되면 그녀의 남성성은, 완고하고 냉혹하며 고집스럽고 차가우며, 지극히 접근하기 어려운 양태로 드러난다고 했다. 이러한 여성은 사고 속에서 절대로 예외를 받아들이지 않는다. 그녀가 말하는 의견들은 언뜻 보면 틀린 데가 없어 보이지만 너무 일반적이어서 그것이 개개인에게 맞는 경우는 대단히 드물다. 따라서 당연한 것 같은데도 주의해서 들어 보면 대부분은 핵심에서 계속 벗어나 있다.

독재적인 남성성을 내재화한 여자가 사회적으로 모습을 드러낼 때의 방식을 좀 더 설명하자면 이렇다. 이런 여성은 굉장히 단순한 형태, 같은 색깔이나 디자인의 옷을 편벽에 가까울 정도로 유니폼처럼 계속 입고 다니며, 감정을 드러내는 데 자연스럽지 않으며, 자신의 부족함이 드러나는 것에 대해 극도의 불안감을 갖고 있다. 일견 보면 굉장히 열심히 일하는 것 같지만 사실 그녀 안에는 도덕이나 윤리에 아랑곳하지 않는 퇴폐성이나 잔혹성이 있고, 그럼으로써 오히려 사회적 장면에서는 그것을 가리기 위해 가면을 쓰고 있다는 느낌을 준다. 다시 말하지만, 이것은 독재적인 남성성을 내재화한 여자들에게서 종종 발견되는 특징에 대한 칼 융의 설명이다.

많은 유권자들은 여자가 대통령이 되는 일 자체가 마치 선진국이나 진보 사회로 진입하는 것인 양 생각했다. 또한 여성의 인권이 신장되고 엄마들, 여성들이 더 살기 좋은 세상이 되리라 믿었다. 심지어 단순히 그냥 자기가 여자라서 여자가 대통령이 되어야 한다고 생각한 사람들도 있었다. 그것은 결국 한국에 여자 대통령을 가능하게 하는 데 결정적인 요인으로 작용했다. 그렇다면 우리는 정말 건강한 남성성과 여성성이 균형을 맞춘, 건강한 생산성을 실현시킬 여자 대통령을 선택한 것일까?

위에서 칼 융의 설명을 빌어 어떤 부정적 남성성을 내재화한 여자의 한 특성이 한국 유권자들이 선택한 최고 권력자의 모습과 얼마나 맞아 떨어지는지는 각자가 판단할 몫이다. 필자 역시 계속 그 판단을 유보하고 지켜보고 있는 중이기에 칼 융의 설명과 이 나라 여자 대통령의 특징이 꼭 들어맞는다고 주장할 수도 없다.

사실 국가 최고 권력자의 정신세계가 어떤지를 정확히 분별하는 것보다 먼저 관심을 가져야 할 것은, 자신의 정신세계는 어떠한가이다. 우리의 정신세계가 내적 균형을 맞추어 건강한 생산성을 향하고 있다면 우리는 어떤 모습으로 살아갈 것인가? 우리의 외양은 내면의 모습을 외재화한 것일 뿐이다. 현실은 우리 안의 불균형, 우리 안의 결핍과 왜곡이 거울처럼 드러난 상황이라고도 할 수 있다. 그렇다면 우리는 이 현상을 통해 무엇을 배울 것인가? 이 질문에 대한 답으로 삼을 수 있을 법한, 아프지만 반드시 물어보아야 할 또 다른 질문이 있다. 이 사회가 선택한 최고 권력자는 바로 우리 정신의 내면 상태가 외면화된 것은 아닐까? 우리 사회의 깨어진 균형 상태가 거울처럼 선택한 내면의 반영이 아닐까?

분명히 말하지만, 사회적으로 그릇된 현상을 개인의 잘못으로 치환시키려는 것이 지금 논의의 목적은 아니다. 우리의 흐트러진 내적 세계의 균형이 이런 식으로 드러났고, 그 증거를 들어 우리의 내적 균형과 건강한 생산성을 회복하자는 것이다. 그 과정과 결과들이 바로 마음의 연대라는 이 책의 핵심적인 테제와 가장 깊숙이 연결되어 있기 때문이다. 드러난 그것이 보여 주는 불균형의 지점을 찾고, 그것의 대칭점이 되는 에너지와 특성을 회복하기 위해 노력해야 할 것이다.

이 사회가 폭압적인 남성성에 의해 지배되어 온 사회라면, 그 과도함으로 압살된 여성성은 과연 어떤 것일까?

아주 간단한 예를 들어 설명하겠다. 여성성의 근간은 영양분을 제공하는 데 있다. 어머니는 배 속에서부터 태아를 품어 탯줄로 아이에게 영양분을 흘려보내고, 자기 몸의 영양분을 가장 순하게 농축한 젖으로 자식의 몸과 마음을 성장시킨다. 그렇게 어미는 평생 자식의 음식을 걱정한다.

하지만 무섭고 경쟁적인 아비는 자녀가 무엇을 획득해 오는지에만 눈을 부라린다. 지금 이 나라는 국가가 아이들의 밥그릇을 뺏고, 그 돈으로 공부를 시킬 테니 빨리 더 경쟁적인 인간이 되어 그저 더 많은 포획물을 가질 수 있는 인간으로 자라도록 강요하기를 작정했다.

경상남도에서 총대를 메고 시작한 무상급식 전면 중단은 박근혜 정권의 소망이다. 홍준표는 그 돈으로 공부를 더 시키겠다고 한다. 이명박 정권에서 도입된 전국 일제평가고사는 모든 아이들을 줄 세우는 데 압도적으로 기여했다. 박근혜도, 이명박도, 홍준표도 모두 박정희의 아들딸들이니, 그들 내면의 여성성과 남성성은 어떤 꼴인지 현재의 모습만으로도 충분히 짐작이 간다.

건강한 아버지는 보여 줌으로 가르치며, 고무하고 격려하되 다그치고 징벌하지 않으며, 뒤에 서서 지켜보되 멱살을 잡고 끌어 대지 않는다.

건강한 어머니는 조건과 논리에 상관없이 잘못도 먼저 품고, 잘나고 못남에 상관없이 언제든 자기 품을 내주며, 내 몸을 땅으로 삼아 기꺼이 자녀를 꽃피운다.

건강한 아버지가 살아 있는 사회는 학교와 아버지가 협동하여 다음 세대를 양육한다. 모든 교육의 전권을 국가를 대신한 학교나 경쟁 체제의 확산 주범인 학원이 행사하도록 허용하지 않으며, 아버지를 교육의 국외자(局外者)로 추방하지도 않는다. 아버지는 현생 인류를 가능하게 한 가장 오래된 스승이다. 아버지가 교육의 주체로 자리 잡은 사회가 되어야 한다.

건강한 어머니가 살아 있는 사회는 자녀를 경쟁으로 내모는 데 동의하지 않으며, 자녀들이 생명력을 잃고 통제에 순응하는 어른으로 성장하는 것을 용납하지 않는다. 건강한 어머니는 자녀를 조련하지 않으며, 그저 키울 뿐이다.

그리고 건강한 사회에서는 아버지의 모성과 어머니의 부성이 조화된 세상이 만들어지도록 모든 남자와 여자는 협동할 것이다. 우리도 그런 세상을 만들 수 있다.

그 예로, 경남도지사와 명확히 대비되는 이재명 성남시장의 행보를 들 수 있다. 가난 때문에 초등학교를 겨우 졸업하고 공장 노동자로 살다가 독학으로 검정고시를 치르고 사법시험에 합격한 그는 아마도 가난한 자신을 버리지 않은 사람인 것 같다. 그래서 그는 따뜻한 어머니가 가여운 아들을 품듯 가난한 사람도 거두고, 가난한 이를 사랑하는 방법도 잘 아는 사람인 듯하다. 특히나 국내 최초로 시립 무상 조산원을 운영하겠다는 정책을 만든 것을 보면 그는 건강한 여성성을 사회적 아버지의 힘으로 실현해 내고 있는 것 같다. 건강한 여성성과 남성성이 조화롭게 통합된 사람이 어떻게 사회적 공공선을 실현시키는지 잘 보여 주는 분명한 예시다.

3장

섬세함과 존중

세월호 참사가 있은 뒤, 단원고등학교 아이들이 다닌 학교가 어떤 곳인지 궁금해졌다. 아이들의 흔적은 학교 인터넷 홈페이지를 통해 가장 손쉽게 찾아볼 수 있으리라 생각했다. 내가 단원고 홈페이지에 접속한 것은 사건이 난 지 한 달 뒤였다.

하지만 단원고등학교 홈페이지에는 또 하나의 사건이 전개되어 있었다. 참사를 기억하고자 하는 것도 아니고 아이들을 애도하겠다는 의도도 전혀 아닌, 말 그대로 방치된 아이들처럼 그리고 돌보지 않은 기억처럼 활자화된 유령 하나가 떠 있었다.

학교 홈페이지에 접속하자 학부모들에게 보내는 〈제주도 수학여행 가정통신문〉이 떠 있었다. 너무 의아하기도 하고, 설마 대참사를 부른 그 4월 16일 수학여행 안내문이 아직도 떠 있을 리는 없다고 반신반의하면서 가장 먼저 그 항목을 클릭했더니 세월호 참사가 일어난 바로 그 4월 16일 수학여행 가정통신문이었다. 그것이 학교 홈페이지에 한 달째, 그것도 대문 화면으로 떠돌고 있었다. 흡사 대참사의 프리퀄(한 작품의 전편에 해당하는 내용을 취급한 속편) 같은, 억울한 죽음들의 확정 예고문이 학교 홈페이지 대문 화면 게시판에 유기되어 있었다. 누구나 한 번만 클릭하면 볼 수 있도록, 누구나 이 나라에서는 손쉽게 죽을 수 있다는 것을 알려 주는 것처럼 그 위치에 그냥 가만히 있었다(이 글을 쓰는 시점에서 그 통신문은 삭제되었지만 필자는 그 화면을 캡처해 두었다. 그들의 방치를 방치해 둘 수 없었기 때문이다).

이 손쉽고 무심한 방치는 하나의 엄중한 상징인 것 같다. 이것이 우리 사회의 현실이고 정신의 민낯이지 않을까. 이것을 단순히 한 단위 학교의 행정상의 무책임이라고만 말할 수는 없다. 이러저러하게 이해하고자 노력해볼 수도 있다. 세월호 참사가 일어나고 그 학교는 전면적인 공황 상태에 빠졌을 것이고, 그래서 그런 '사소한' 문서 하나 따위에 신경 쓸 여력이 없다고 변명할 수도 있겠다. 또는 학교의 공식 문건이라서 함부로 삭제할 수 없었다고 말할 수도 있다.

하지만 필자가 보기에 이 모든 것은 이유가 될 수 없다. 이것은 오직 마음을 헤아리지 않아서 발생하는 문제다. 그 누구보다 희생자 부모들, 가족들, 친구, 친척들, 그리고 아무런 관련이 없었지만 함께 슬퍼했던 마음의 유족들. 이들 중 많은 사람들이 아이들의 흔적을 찾아보려고 나처럼 한 달이 지나서도 학교 홈페이지에 접속을 했다. 그런데 그곳에 '제주도', '수학여행'이라는 단어들이 잔인한 인출 부호가 되어, 정확하게 그날의 참사와 고통을 떠올리게 하는 문서를 버젓이 올려놓은 것은 너무 무심한 폭력이 아닌가 말이다. 적어도, 굵은 글씨체로 박아놓은 그 단어들로 그날의 참사를 예고하는 문서를 대문 화면에 그대로 놓은 것은, 학교 교직원들 중 그 누구도 그들의 방치에 대해 조금도 세심하게 생각하지 않았고 비통해하는 유족들의 슬픔을 진정으로 존중한 것 같지 않았다는 뜻으로 읽힌다.

이럴 때면 문제의 진단이자 동시에 해결책으로 전가의 보도처럼 제시되는 것이 우리 사회의 공감과 소통의 부재에 대한 말일 것이다. 언젠가부터 부쩍 공감이니 소통이니 하는 단어들이 상투어처럼 쓰이고, 그것이 모든 관계의 만병통치약이라도 되는 듯이 언론도, 전문가들도, 정치인들도 떠벌리고 있다. 하지만 우리는 사실 공감과 소통에 대해 진정한 관심을 두고 있지도 않고, 더군다나 공감과 소통이 무엇인지도 정확히 모른다.

공감과 섬세함

공감이라는 행위는 결과로 나타나야지, 그 자체가 목적이 되어서는 안 된다. 공감은 사실 어떤 면에서는 좋은 행위가 아닐 수도 있다. 공감과 소통의 권력적 실체를 들여다보면 공감은 수혜자와 시혜자 사이의 역동에서 움직일 때가 많고, 소통은 어떤 명분이나 면피로 끝날 때가 많기 때문이다. 소통은 단순히 말을 주고받는 것이 아니다. 절대로 못 만날 것 같던 사람들끼리 만나서 얘기만 한다고 다 소통이 아니며, 그 소통이라는 명분하에 오히려 약자들은 피해를 본다.

예를 들면, 상담심리학에서 공감은 굉장히 중요한 치료 기법이자 과정이며 그 결과라고 가르친다. 그러다 보니 많은 상담자들은 자신의 공감 능력에 대해 의심하고 때로는 좌절하며, 공감 능력을 배양하기 위해 많이 노력한다. 하지만 이런 공감의 역동에는 공감해 주는 상담자라는 '권력자'가 있고, 그것을 필요로 하는 내담자라는 '수혜자'가 있다. 흡사 환자가 비용을 지불하고 치료를 받으러 감에도 불구하고 의사에게 저자세가 되는 마음처럼 말이다. 그래서 돈을 내고 상담하러 오는데도 제대로 공감해 주지 못하는 상담자들은 종종 내담자들에게 공격을 받는다. 왜 내게 제대로 공감해 주지 않느냐면서 말이다. 이렇게 공감은 심하게 말하자면 유사 구걸 행위로 전락할 만큼 권력 관계를 만들어 버린다.

일반적인 관계에서도, 예를 들면 아내가 남편에게, 자녀가 부모에게, 또는 학생이 선생에게, 또 친구관계에서도 어떤 공감받는 경험을 원한다. 또한 사람들은 어떤 경험을 놓고 공감을 받았다, 혹은 못 받았다고 평가한다. 남편들은 종종 아내로부터 '공감은 죽어도 할 줄 모르는 기계 같은, 바보 같은 존재'라고 폄하당하기도 한다. 그러면서 자신들은 자녀의 마음에 죽어도 공감하지 않는다. 공감은 일반적인 관계에서도 이렇게 일상적인 '권력'이 된다.

기본적으로 공감은 수평적 관계가 아니라 수직적인 조건일 때 더 많이 발생한다. 즉, 공감을 주고받는다는 것은 정서적, 심리적, 사회적, 경제적, 정치적 조건 중 어느 하나라도 한쪽은 약자이거나 취약한 상태일 때, 그리고 다른 쪽은 최소한 그런 상태가 아닐 때 가능한 경우가 많다.

그러므로 마음의 연대는 공감에 기초한다기보다는 차라리 동병상련의 심정으로 함께하는 쪽이 더 솔직하고 직접적이다. 재벌이나 그들에 빌붙어 사는 정치 권력자들을 제외하고, 우리 중 열심히 살지 않은 사람이 없지만 대부분은 분노와 우울이나 열등감 또는 무기력을 경험했거나 하고 있다.

이것은 누가 누구를 공감하고 공감받고 하는 문제가 아니라, 그냥 우리 모두가 같은 처지이며 같은 어려움을 겪고 있음을 자각하는 것에서 시작한다. 이런 평등한 정서적 상호 호환이 일어날 때 정서적 연대의 가장 튼튼한 토대가 마련된다. 하지만 왜 우리는 동병상련에 기초한 정서적 연대가 가능하지 않은 걸까?(다음 부분에서 다룰 '소통'이라는 언어와 행위의 교묘함에서 그 답을 찾아볼 수 있다.)

공감이라는 단어나 행위 대신, 감응(感應)이라는 호환적 교류, 또는 차라리 동병상련이라는 좀 더 날것의 솔직함으로 관계의 토대가 마련되었다면, 이것을 더 품위 있고 세련되고 정교하게 할 수 있는 내적 태도가 바로 섬세함이라고 본다.

섬세함이란 세심함에 따뜻한 마음을 더한 것이다. 그런데 우리는 섬세하지도 않다. 우리 삶에서 섬세함은 중요한 덕목이 아니었다. 관공서에서 업무 처리의 1순위 덕목은 꼼꼼함이다. 일 잘하는 사람들의 필수 조건이기도 하다. 그러나 꼼꼼함은 세심함과는 거의 관계가 없다. 오히려 정반대다. 세심함은 타인의 입장을 헤아려야 가능한 일이지만 꼼꼼함은 업무 편리주의를 구현하는 일방적인 방식이다.

지금도 관공서에 문서 하나라도 제출하려 하면 글자체와 크기, 제목과 숫자, 부호 매기기와 같은 매뉴얼은 꼼꼼하기 짝이 없다. 어떤 창의성도 틈입할 곳이 없고, 오직 자신들이 정한 그 원칙 내에서 한 발짝도 벗어나지 못하게 한다. 일처리가 꼼꼼한 사람을 빈틈없고 치밀한 사람으로 칭송하지만, 그렇게 꼼꼼한 사람은 자기 방식만을 고집하는 사람일 가능성이 높다. 어떤 교섭이나 섞임, 새로운 변주와 다양성에 대해서는 관심이 없는 사람이다.

이에 반해 섬세함이란 여러 측면과 다양한 층위, 여러 가지 가능성을 다 검토하고 배려하는 것이다. 내 입장만이 아니라 내가 사는 환경의(사람, 관계, 물리적 조건, 여러 가지 상황 등) 다양한 입장을 세심하게 검토하고 그렇게 실행하는 사람을 섬세하다고 한다. 우리 사회는 꼼꼼함은 넘쳐 나지만, 섬세함은 쥐꼬리만큼도 찾기 힘들다. 지금껏 우리는 그렇게 꼼꼼함과 섬세함을 구분하지 못하고 살아왔다. 우리는 모두 내 주변에 그런 섬세한 사람이 있기를 원한다. 그러려면 내가 먼저 그렇게 되어야 한다.

소통과 존중

요즘은 소통이 문제 해결의 만병통치약처럼 여겨지기도 하지만, 사실 어떤 집단과 집단, 어떤 개인과 개인은 소통으로 해결할 수 없는 경우도 있다. 예를 들어, 극렬한 동성애 혐오에 매몰된 종교인이 동성애자를 만났을 때 소통은 가능하지 않을 것이다. 성취 지향적이고 명문대 합격 외에는 다른 경우의 수를 생각도 해본 적이 없는 아버지와 공부에는 전혀 관심이 없고 프로게이머가 되려는 아들 사이에는 소통하려는 시도 자체가 일종의 폭력이 될 수도 있다. 어머니와의 정서적 품안에서 절대로 벗어날 의사가 없는 남자와 그런 남자를 자신의 진정한 남편으로 돌아 세우려는 아내의 소통은 더 많은 불화를 지어낼 뿐이다. 이렇게 따지면 앞서 말한 대로 대부분의 관계에서 소통이라는 단어가 가진 어떤 어두운 면을 찾아볼 수 있다.

일단 필자의 의견을 먼저 밝힌다면, 소통의 그림자는 '경쟁'이라고 생각한다. 즉, 경쟁하는 마음을 잘 포장하고 갈등이 발생하지 않도록 하기 위해 우리는 소통이라는 이름의 대화를 하려 한다. 하지만 기본적으로 상대를 존중하지 않으면서, 경쟁의 구도 안에서 상대를 대한다면 소통하려는 노력은 가면을 쓴 경쟁의 교활한 다른 모습일 뿐이다. 자신은 선(善)이고 동성애는 악이라 생각하며 선과 악의 대결과 경쟁에서 자신이 권선징악의 주인공이 되어야 한다고 신념하는 대부분의 보수적인 종교인들, 좋은 성적과 명문 대학이라고 하는 철저한 경쟁 구도 안에서 전전긍긍하는 아버지, 아들(남편)을 사이에 두고 애정을 경쟁하는 시어머니와 아내. 이 모든 일들은 경쟁의 세계에서 벌어지는 갈등이다.

그러므로 우리의 답은 분명해진다. 소통이라는 단어가 빈번해지고, 소통에 노력해야 한다는 강박적 주문이 성행할수록 사실 경쟁이 더 심해진다는 뜻으로 받아들여야 할 것이다. 소통을 주문하는 자리마다 경쟁이 선점하고 있다.

그렇다면 우리는 경쟁 대신 무엇을 해야 할 것인가? 아니, 사실 경쟁을 대신할 그 무엇이 아니다. 가장 좋은 방법은 경쟁이라는 구도 자체를 무화(無化)시킬 어떤 전복적인 것이 필요하다. 필자는 타인에 대한 진정한 존중, 윤리에 기초한 존중, 우리가 한 번도 제대로 경험해 보지 못한 새로운 그것에 방법이 있다고 생각한다. 서양식 매너도 아니고, 일본식 서비스도 아닌, 존중받는 새로운 경험이 우리를 권력 관계와 경쟁 세계로부터 해방시킬 의지를 갖게 할 수 있으리라 본다.

사실 우리는 존중받는 경험을 제대로 하지 못했다. 최소한 그것이 우리 안에 내재될 정도로 존중이라는 자극을 외부로부터 받아 본 기억이 별로 없다. 국가와 제도와 사회가 개인을 존중하는 태도가 전혀 없는데, 어떻게 개인이 그런 것들을 배울 수가 있었겠는가.

입에 배인 친절은 있어도 존중이 호환되는 관계는 만나 본 적이 별로 없다. 우리 사회의 '친절'이라는 얼굴의 꺼풀은 너무나 얇아, 조금만 다른 요구를 받으면 난감한 짜증과 혐오가 함께 전달된다. 서비스의 민낯은 그렇게 너무 쉽게 드러난다.

이해관계에 얽매인 칭찬과 격려는 난무해도 그(녀)에 대한 존중은 찾아보기 어렵다. 공식적 자리의 풍성한 덕담은 성찬보다 더 차고 넘치지만, 그것은 사실 '당신은 계속 그런 모습으로 내게 남아 있으라'는 웃는 표정의 협박일 뿐이다. 이해관계가 소멸되거나 틀어지면, 그들의 관계는 '부재중 전화'로 변환된다.

존중은 침착함이라는 집에서 출발한다. 그에 대한 나의, 나에 대한 그의 올바른 관계에 대해 침착하게 생각하고 차분하게 그의 삶에 올바른 생각을 자극하고 지지하는 방식을 고민하는 것이다. 우리는 이런 경험을 해보지 못했다. 우리가 그렇게 갈구하는 그것을 말이다. 또 그것을 누군가에게 주려 하지도 않았다.

4장

다음 세대를 위한 기여의 자세

다음 세대를 위한 기여의 자세, 이것이야말로 연대를 가능하게 하는 일종의 건강한 책무감일 것이다. 특히 칼 융은 중년의 과업으로서 이를 단정적으로 강조하고 있기도 하다. 융뿐만 아니라 정신분석학자이자 발달심리학자인 에릭 에릭슨은 이렇게 말했다.

"중년이 되면 또 다른 생산성이 있어야 한다. 기본적으로 자기 삶을 더 부유하게 만드는 방향이 아니고 자기가 여태껏 쌓아 온 지적 경험, 그러한 경험으로부터 쌓은 지혜 그리고 가지고 있는 물적 토대 이런 것들을 다음 세대에 어떻게 전수할 것인가를 고민해야 한다. 그것을 하지 않으면 중년의 삶은 아주 중요한 과제를 하지 않고 넘어가는 것이나 다름없다."

이러한 중년의 상황을 가장 잘 드러내는 문학 작품이 찰스 디킨스의 소설《크리스마스 캐럴》이다. 오직 자기만을 위해서, 심지어 자기를 희생하면서까지 돈을 모은 스크루지 영감이 결국 중년에 빠뜨렸던 것이 무엇인지를 노년에 통렬하게 깨닫고 뒤늦게나마 과제를 완수한다. 이 책을 단지 지독한 자린고비 영감의 권선징악과 개과천선으로 이해하는 것은 너무 단순한 이해다.

스크루지는 크리스마스 이브에도 차디찬 사무실에서 일에 파묻혀 혼자 고독한 식사를 하고, 난롯불도 피우지 않은 추운 방에 홀로 앉아 하루를 보낸다. 그는 자기 자신에게 인색할 뿐만 아니라 이웃에게도 인색하기 그지없는 인물이다. 그런데 이 구두쇠 영감은 과거, 현재, 미래를 넘나드는 유령과의 여행을 하면서 점차 변화되기 시작한다. 순수했던 과거의 모습을 그리워하고, 탐욕스럽게 변해 버린 현재의 모습에 절망하지만 아직 다가오지 않은 미래 속에서 희망을 발견한다. 그리고 누구보다도 마음이 따뜻하고 선한 사람으로 다시 태어난다.

이야기에서 가장 흥미로운 것은 시간을 넘나드는 유령과의 만남이다. 유령은 먼저 스크루지에게 현재의 모습처럼 차갑고 돈만 보는 속물적인 사람이 아니었다는 것을 일깨운다. 그는 오히려 낭만을 즐길 줄 아는 청년이었다. 그러나 그의 마음속에 욕망이 점차 자라났고, 이 욕망은 근심과 탐욕이라는 풍부한 양분을 받고 뻗어 나가기 시작해 마침내 그를 집어삼키고 만다. 그는 이제 모든 것을 자신에게 이익이 되는지, 손해가 되는지 따지기 시작하며 결국엔 사랑마저도 그러한 잣대로 판단한다.

스크루지는 그러한 과거를 보면서 많은 후회를 하게 된다. 과거에 그는 지금과 완벽하게 다른 사람이었다. 어린 시절의 그는 이렇게 묘사된다. "언제나 약한 아이였지. 불면 날아갈 것만 같았어. 하지만 마음만은 아주 넓었지!"

가난했기에, 그는 늘 혼자였다. 그래서 돈을 버는 데 목숨을 바칠 정도로 살아왔던 것이다. 결핍으로 가득한 그를 비집고 들어온 것이 욕망이었다. "이런 것이 이른바 세상의 공평함이라는 건가! 세상에는 가난만큼 힘든 것도 없고, 부를 추구하는 것만큼 가혹하게 비난받는 일도 없으니!"라고 하며 돈을 버는 데 목숨을 걸었다. 외로웠기에 돈을 벌었는데, 그 돈 때문에 그는 더욱 외로워졌다. 그는 늘 세상에 외따로 남겨진 사람처럼 보였다.

크리스마스의 유령은 그에게 현재의 모습도 보여 준

다. 조카가 크리스마스에 저녁을 먹자고 그를 초대했음에도 스크루지는 거절한다. 하지만 사람들은 스크루지처럼 돈이 많지 않지만 모여서 즐겁게 식사하며 자기 형편에 맞추어 크리스마스를 즐긴다.

이제 유령은 스크루지에게 어떤 한 사람의 죽음을 보여 준다. 그런데 그 사람의 죽음에 대해 많은 이들이 기뻐하고 즐거워하는 것이 아닌가. 그는 그 한 사람의 죽음을 보고 두려운 나머지 유령에게 더 이상 보지 말자고 말한다. 하지만 유령은 끝까지 스크루지가 그 죽은 사람이 누구인지 알기를 원했고, 스크루지는 죽은 이의 얼굴을 보게 된다. 많은 사람들이 그 죽음을 즐거워하고 아무도 애도하거나 슬퍼해 주지 않은 불쌍한 사람… 그것은 바로 스크루지 자신이었다.

여기서 '현재'의 유령이 스크루지에게 알려 준 매우 의미심장한 비유가 있다. 유령은 자신이 데리고 사는 두 아이가 있는데, 사내아이의 이름은 '무지'이고 여자아이의 이름은 '궁핍'이라고 말한다. 이 두 아이는 다른 이름의 같은 사람일 수도 있다. 왜냐하면 그는 자신의 궁핍에 대해 무지했으며, 또 삶의 본질에 대한 무지로 인해 궁핍했기 때문이다. 슬프게도, 이런 스크루지의 상황은 우리의 현실과 별반 다를 바 없다.

그런데 스크루지에게 크리스마스 유령을 보낸 이가 바로 친구라는 사실은 더욱 의미가 있다. 7년 전에 죽었던 그의 동업자 말리의 유령은 스크루지가 자신처럼 비참하게 죽지 않도록 세 명의 유령을 스크루지에게 보내주었던 것이다. 말리는 일종의 구원자와 같은 존재이다. 스크루지가 어디서 무엇을 놓쳤는지, 무엇을 해야 하는지 깨우쳐 주기 때문이다. 유령과의 만남 이후 스크루지는 조카에게 손을 내민다. 조카는 다음 세대를 상징한다.

진화생물학자 최재천은 인류가 진화하고 발전하는 데 중요한 역할을 한 것이 할머니라고 말한 바 있다. 생산 활동에서 떠난 사람이 후대에게 어떻게 기여할 수 있느냐는 논의에서였다. 할머니는 직접적인 생산 활동에서는 떠났지만 아이를 돌봄으로써 생산 활동을 할 수 있는 젊은 세대를 지지하므로 인류가 비약적으로 발전할 수 있는 계기를 만들어 주었다는 설명이다.

할머니도 예전엔 엄마였기에, 사람을 육체적으로 또는 정서적으로 키우는 것에 대한 지혜가 가장 많이 집약되어 있는 사람이다. 그런데 한국 사회에서 할머니는 가족 중심적이고 내 새끼밖에 모르는 존재로 이해되고 있다. 그들의 지혜가 공유되는 것이 아니라 자기 핏줄한테만 오롯이 집중되는 방식으로밖에 나타나지 않는다. 최근 새누리당은 손녀, 손자한테 물려주는 돈에는 세금을 물리지 말자는 법안을 발의한 적이 있다. 물론 해프닝에 그치긴 했지만 자기 가족 말고는 관심이 없으며 오로지 부의 대물림만을 고려한, 다음 세대에 대한 기여는 안중에도 없는 발상이라 할 수 있다.

심리학은 인간이 중년 이후가 되면 기여하는 삶으로 전환해야 한다는 것을 늘 강조한다. 상담을 하다 보면 중년 이후의 사람들이 상담을 받으러 오는 경우가 많다. 경제력도 어느 정도 있고 여유도 있어서 이제야 자신의 문제를 다루어 볼 여유가 생긴 사람들이다. 그런 내담자들과 이야기해야 하는 중요한 주제 중 하나는 이제부터 당신은 누군가와 자신의 삶을 공유해야 한다는 부분이다. 자신의 자녀뿐만 아니라 사회적으로 가치를 나누어 주는 존재가 되어야 하고 여태껏 축적해 온 지식과 경험과 물적 토대들을 다음 세대가 잘 사용할 수 있도록 제대로 전수해야 한다는 것이다. 다음 세대에 대한 기여의 자세, 이것이 연대를 가능하게 하는 중요한 태도라고 생각한다.

올바른 중년 이후의 삶이란 어떤 모습일까? 팟캐스트 〈공공상담소〉가 오프라인에서 운영한 모임인 〈또 하나의 인생학교〉에도 대체로 40대 초중반의 중년들이 많이 찾아왔는데, 아직은 자녀에게서 한 발자국도 못 벗어났다는 인상을 강하게 받았다. 자녀한테 별로 신경 쓰지 않는다고 하지만, 실제로는 자녀한테 많은 에너지가 엮여 있었고 돈을 많이 벌어야 하고 일을 해야 하고 이혼하지 못하고… 이런 것들이 모두 자녀 때문이라고 이야기했다.

많은 부모들이 절벽에 매달려 있다고 생각하는 것 같다. 만약 그렇게 생각한다면 다른 데를 볼 여유가 나지 않을 것이다. 하지만 그 자리에서 조금만 뒤를 돌아본다면? 가령 발밑을 잠깐 보면 그냥 작은 돌 위에서 절벽 한쪽 끝을 붙잡고 있는 모습일 수도 있다. 겨우 한 발자국 높이밖에 안 되는 것이다. 그런 인식이 되면 피식 웃으면서 내려올 수 있다. 뒤를 돌아보는 것, 내가 어디에 있는가를 보는 것이 두렵지 않다면 내려오는 것은 그다지 어렵지 않다.

실제로 물에 빠져 죽는 사람들의 상당수가 목 깊이 정도의 물에서 죽는다. 정확히 말하면 무릎을 '펴지 않기에' 죽는다. 발이 바닥에 닿지 않아 물을 먹고 나면 물의 깊이가 자기 키를 넘긴다는 사실에 공포를 느끼는 것이다. 그래서 발바닥이 강바닥에 안 닿을까 봐 두려워 몸에 힘을 잔뜩 주고 허우적거리다가 결국 물에 빠져 죽는다. 그래서 무릎을 펴 보는 데는 용기가 필요하다. 발을 죽 폈는데 안 닿으면 차라리 강바닥 밑으로 내려가서 발로 차고 올라오는 것이 방법일 수 있다. 절벽 주위를 둘러보게 하는 것, 물에 빠졌을 때 무릎을 펴게 하는 것, 실은 이것이 제일 어려운 일이다.

수영을 잘하지 못하더라도 몸의 힘을 쫙 빼면 물에 뜰 수 있다. 급류에 휩쓸리지만 않는다면, 바닥에 발이 닿지 않아도 강 정도의 깊이에서는 바닥을 발로 차고 사선으로 나오면 뭍 쪽으로 더 빨리 나올 수 있다. 그래서 심리학자들은 왜 우리가 무릎을 못 펴고 있는지, 공포가 뭔지 스스로 자각할 수 있도록 돕는 일을 한다.

자기 삶의 전망

지금까지 이야기한 불안, 외로움이 무릎을 못 펴는 이유 중에 하나라면, 연대를 가능하게 하는 것은 무엇일까? 다음 세대에 내가 무엇을 전수할 수 있는 사람이라는 자각과 그것을 자신의 책무로 받아들이는 것이 그 출발점이다.

연대를 가능하게 하는 또 하나는 바로 '자기 삶에 대한 전망'이다. 사람들은 자기 삶을 대개 획일적으로 보는 것 같다. 가령 이런 식이다. 대부분의 사람들이 노후에 얼마가 필요하며 그것을 준비하는 것이 삶의 거의 유일한 전망이라고 생각한다. 사실 나이로 따지자면 필자도 노후

계획을 세워야 하지만 노후에 얼마나 필요한지를 심각하게 생각하진 않는다.

필자로 하여금 삶에 대한 전망을 새롭게 경험하게 해 준 여러 계기들이 있었다. 30대에 유학을 가기 한 해 전에 유럽 여행을 다녀온 적이 있었다. 그때 여행을 가지 않았더라면 유학을 가지도 못했을 것이다. 유럽 여행에서 제일 먼저 '사람이 이렇게 살 수도 있구나'라는 생각을 했다. 다르게 살 수 있다는 삶의 전망과 가능성을 배운 나는 한국을 떠날 수 있었다.

그리고 약 20여 년 만에 유럽을 다른 방식으로 갔는데 이번엔 굉장히 슬픈 경험을 했다. 다른 사람들이 쉽게 느낀 것을 지금에서야 느낀 것인지 모르겠지만 '두 발로 국경을 넘을 수 있구나, 아무 제재를 받지 않고 국경을 넘는 것이 가능하구나'… 이런 사실들이 이상하게 사무쳤다.

한국의 상황에서 남쪽에서 북쪽으로 간다면 정주영 씨처럼 소를 끌고 넘어가지 않는 이상 이적 행위가 될 것이다. 한국이 처한 정치 · 경제적인 조건, 지리적 조건에서 우리는 누군가의 제재를 받지 않고 육로를 통해 국경을 넘는다는 것을 단 한 번도 상상해 보지 못한 세대라는 것이 너무 서러웠다. 그것이 나를 얼마나 옭아매고 상상력을 협소하게 만들었으며 인신을 구속했는지 오십이 다

되어서야 느꼈다는 것이 슬프기도 했다.

필자보다 몇 살 더 많은 세대는 이렇듯 국경에 대한 상상력이 절단된 최초의 세대였다. 이후 세대는 이것을 너무나 당연한 것처럼 받아들였다. 공간적으로 삶에 대한 또 다른 전망을 꿈꿀 수 없게 된 것이 얼마나 불행한지 사람들은 과연 느끼고 있을까.

많은 사람들이 여행을 가는 이유는 삶의 전망을 확장하려는 것이 아닐까. 그러나 여전히 많은 사람들은 편안한 패키지 여행을 다녀와서 품평을 하는 데 시간을 보낸다. 여행은 이렇듯 내 삶을 대비해 볼 수 있는 좋은 기회인데 왜 사람들은 이런 전망을 하지 못할까? 왜 나한테는 저런 삶이 가능하지 않은지를 고민하지는 못할까. 그들은 진정으로 삶에 대한 전망을 갖고 싶어 하는 것이 아니라는 생각도 든다. 그냥 이 삶을 유지하고 싶은 것이다.

여성학자 정희진은 칼럼에서 "한국 사회가 싫어하는 인간형은 진보나 여성주의 이런 쪽(?)이 아니라 생각하는 사람이라고 느낄 때가 많다"고 했다. 생각하는 사람들은 대개 공격적이거나 비판적이라는 말을 듣는다. 대다수의 사람들은 자기 생각을 가지려 하지 않는다. 다른 사람의 생각을 따르거나 그게 더 좋을 거라고 지레짐작하는 것 같다. 자기 생각을 하지 않는데 자기 전망이 나올 리가 만무하다. 그러나 자기 생각과 자기 전망이 확고할 때만 연대를 할 수 있느냐 하면 그건 아니다. 지금은 그렇지 않더라도, 생각하고 싶고 전망을 갖고 싶으니 연대할 수도 있다.

어떤 경우는 연대가 비루한 내 삶에 대한 알리바이인 경우도 있다. 내가 사는 건 크게 문제가 없는데 연대나 기여 같은 것을 해야만 내 삶이 그럴 듯해지지 않을까 하는 생각을 하는 사람도 있다. 흔히 586, 그러니까 80년대 학번 중에는 삶에 그럴 듯한 뭔가를 장착하기 위해 연대체를 만들고 싶어 하는 사람들이 있다. 그것은 또 다른 방식으로 삶을 '유지'하려는 것으로 보인다.

아파트도 노후하고 차도 부식되고 아내도 늙어 가고 자식들은 점점 커가고… 같은 것은 하나도 없다. 이것들을 같은 상태로 유지하려고 하는 것은 불안하기 때문이다. 하지만 삶에 대한 완전히 새로운 전망을 가지겠다고 발걸음을 내딛게 되면 그때부터 삶이 전혀 다르게 전개된다.

가령 자기가 가장 중요하게 생각하는 것을 버릴 수 있는가? 이것을 놓치면 큰일 날 것이라고 생각하는 것을 놓을 수 있는가? 현재 유지하고 있는 자식과의 관계를 포기할 수 있는가? 다른 관계를 맺을 수 있는가? 삶에 대한 새로운 전망을 가지려고 노력하고, 다른 관계를 맺으려는 어떤 시도를 할 때 이것도 가능해진다.

어쩌면 우린 연대 자체로 나아가기 이전에 관계 자체가 굉장히 미숙한 사람들인지도 모른다. 나는 타인에게 관심을 기울이는 사람인가? 아니다. 나는 다른 삶에 대해 얼마만큼 고민하나? 일천하다. 이러한 어머니와 아버지 밑에서 성장한 아이들이 만드는 가정과 사회에서 마음의 연대가 이루어질 수 있을까? 과연 우리 사회에서는 연대가 가능한가?

하지만 바로 그렇기 때문에 연대를 더 이야기해야 한다고 생각한다. 우리가 경험한 관계에서는 그것이 가능하지 않기 때문에.

우리는 타인이 진정으로 나에게 관심을 기울여 주는 것을 경험해 볼 필요가 있다. 저 사람이 정말 자기를 위해서가 아니라 진정으로 나를 위해서 관심을 기울여 주고 있다는 것을 느껴 본 경험. 부모나 가족 간의 관계에서조차도 이것을 경험하지 못한 사람은 사실 인간 자체에 대한 믿음, 관계에 대한 가능성 자체를 배제하고 살아갈 확률이 높다.

그렇지만 타인이 주는 연대의 감정을 느낄 수 있다면 변화의 계기가 될지도 모른다. 그런 경험을 내재화시킨다면 자기에게 진정으로 관심을 기울일 수 있는 경험으로 전환될 수도 있다. 가령 세월호 유가족들과 많은 사람들이 연대하고 있지 않나? 물론 턱없이 부족하지만, 이런 연대와 조건 없는 관심이 유가족들에게는 약간이라도 치유의 경험이 될 수 있다고 생각한다.

유가족 중 한 분인 유민 아빠는 이렇게 말했다. 자신이 단식하는 곳에 많은 아이들이 찾아와서 그냥 자기를 아빠라고 한단다. 그렇게 해서 자신도 그 아이들의 아빠가 되었다고 했다. 자기 딸을 잃은 슬픔을 그것으로 대신할 수는 없지만 아이들은 그런 식으로 유민 아빠와 마음으로 연대한 것이고, 그것이 그분에게는 살아갈 조금의 힘이라도 주었으리라 생각한다. 그것이 연대의 힘이 아니겠는가.

필자는 지난 해 세월호 사건을 가만히 두고만 볼 수는 없어서 심리학자 373명이 함께하는 성명서를 최초 발의했다. 그 후에 성명서를 같이 발표했던 사람들은 자신이 타인에게 조건 없는 관심을 기울여 보았다는 그 경험이, 관심을 받은 사람들에게도 소중한 경험이었겠지만, 그런 행동을 한 자신에게도 새로운 치유와 변화의 경험이 되었다고 전해 왔다.

그것이 바로 연대가 가진 심리적인 덕목이고 정서적

인 힘이라고 생각한다. 지금까지 경험해 본 관계 안에서는 한 번도 얻지 못했던 그런 경험을 연대라는 이름 안에서 얻어 본 것이다. 관심과 우애, 손을 내밀어 본 자신, 이런 것들이 확산되는 게 연대가 가진 목적 자체이지 않겠는가.

5장

마음의 연대란?
'고립되었다고 믿는' 개인들의 연합!

연대란 민주주의의 다른 이름이다

일상적으로 필요하며 미덕이라고 믿는 것들조차 권력과 경쟁에 기초할 때가 많다. 앞에서 공감, 소통 등의 주제를 논의하면서 잠깐 얘기한 것들이다. 이런 경쟁은 기본적으로 외로운 일이다. 옆이나 앞에 누가 없어져야 하니, 즉 내 시야에 타인이 들어오면 불안하니 필연적으로 혼자여야만 안심이 되기 때문이다. 역설적으로 가장 안심이 되어야 할 상황이 외롭고 두렵고 긴장을 주는 셈이다. 권력은 인간 세계를 수직으로 서열화시켜 줄 세우고, 경쟁은 타인과 함께 갈 수 없게 만든다.

민주주의는 본질적으로 배제된 자가 없는 세상을 만드는 일이다. 그래서 필자는 민주주의가 제대로 정착된 사회의 밑그림을 이렇게 그린다. “배부른 자가 넘쳐나는 곳이 아니라 배고파 죽는 이가 하나도 없는 곳!”

최근 경상남도 도지사는 무상급식을 무차별급식이라 명명하면서 배고픈 아이들이 얼마나 배가 고픈지 그 차등의 선별 과정을 거쳐 밥을 주겠다고 공표했다. 남는 돈으로는 아이들에게 이미 불공정한 게임인 성적 경쟁의 세계로 더 가열하게 몰아넣겠다는 것이다.

가난하기 짝이 없는 부모 밑에서 자라서 가난의 설움을 누구보다 많이 겪었다고, 선거 때마다 떠벌리던 이 정치인은 자신의 가난을 팔아 선거에 이용하지만 사실은 자신의 가난을 혐오하고 있는 것 같다. 자신의 가난을 스스로 보듬어 따뜻하게 안아 준 경험이 없는 자신에게 무지한 사람인 것 같다. 만약 그에게 자신의 어린 시절을 보듬어 준 경험이 있었다면, 결코 이런 반민주주의적인 제도적 폭력을 사용하지는 않았을 것이다. 그는 아마 포동하게 살 오른 자신의 뺨을 보며, 자신의 과거를 보상받았다고 생각할지는 모르겠다. 그러나 그는 가난했던 지난 시절과 그 이후로도, 스스로 혐오했던 자기 자신을 아직도 용서하지 못했을 가능성이 높다.

자신이 언젠가 당했던 상황을 지금 똑같이 당하고 있는 사람을 보고 취하는 방식은 그 과거에 대한 자신의 태도에 따라 다르게 표출된다. 예를 들어, 공부를 못해서 교사와 부모로부터 체벌과 구박을 받았던 사람이 있다고 치자. 만일 자녀가 똑같이 공부를 못한다면, 아이에 대한 그의 태도에 따라 자신과 자신의 과거에 대해 어떻게 생각하는지가 드러난다. 자기가 받은 대로 똑같은 기준에 따라 아이를 구박하고 또 못났다고 평가해 버린다면 동일하게 못난 자아상을 심어 줄 가능성이 높고, 아이에게는 그 열등감이 그대로 대물림된다. 반면 어른이 되는 과정에서 어떤 자극을 통해 자아상에 대한 교정이 일어나 못났다고 믿는 자신에 대한 이미지를 극복하고 자신을 스스로 수용한 경험이 있는 사람들은 자녀가 설혹 공부를 못한다 하더라도 아이를 좌절시키던 옛날 사람들의 습관을 답습하지 않을 것이며, 더 나아가 그 아이의 취약성까지 수용할 수 있다.

만약 이 어른이 자신의 과거를 수용하지 못한다면 이는 현재의 내가 과거의 나를 고립시키는 일이며, 또한 비슷한 상황을 겪고 있는 타인도 그렇게 고립당하게 될 것이다. 그는 여전히 예전의 구박받고 매 맞던 자신으로부터 벗어나지 못한 채, 아무도 그런 자기를 귀하게 여기지 않을 것이라고 믿는다.

경남도지사의 가난에 대한 태도를 보면 경쟁에서 이기는 것만이 가난에서 벗어날 수 있는 유일한 길이라 확신하는 것 같다. 만약 그렇다면 그는 진정으로 마음이 빈곤한 사람임이 분명하다. 경쟁 사회인 자본주의 국가에서 가난은 결코 개인의 문제가 아니며, 사회적 약자 역시 개인의 실수나 무책임 때문으로만 발생하지는 않는다. 그들은 그저 배제되었을 뿐이다. 성적 경쟁의 세계에서 열등생이라는 이름으로 배제되어 스스로 고립시킨 사람처럼, 우리는 어떤 대열에서 누락되거나 탈락되거나 뒤처지는 사람들을 볼 때 그들이 그렇게 고립될 수밖에 없는 현실을 알아야 한다.

그래서 민주주의의 진정한 가치는 모든 배제된 자들을 더욱 적극적으로 찾아내어 그들을 참여의 대열에 동참하도록 지지하고 지원하는 데 있다. 그 배제된 자들을 어떻게 찾아내 같은 식탁에서 함께 밥을 먹을 수 있는지에 대해서는 각자의 자리에서 고민하고 주변을 둘러보아야 할 일이다. 연대, 그리고 민주주의란 정서적 지지와 감응으로 연결된 안전망으로 구축되는 세상이다.

나눔이 아니라 함께 살아가기

대부분이 연대라고 하면 선뜻 나서지 못하지만 나눔에 대해서는 우호적인 태도를 보인다. 세상에는 어려운 사람들은 많고 그들을 위해 무언가 나눈다니 나쁠 게 없다고 생각한다. 나에게 있는 무언가를 나 자신만을 위해 사용하지 않고 다른 사람과 나누니 선한 행위라 할 만하다. 예를 들면, 재벌 회장들이 겨울이면 연탄을 나르고, 그 부인들은 김장을 해서 노인정에 기부한다. 그 자체로 나쁜 일은 아니다. 하지만 그것은 분명 연대라고 할 수는 없다. 타인의 부족한 부분을 채워 주는 것만으로는 연대라 할 수 없다. 내 안의 무언가가 바뀌고 무언가를 변화시켜야 한다. 돕는 일만 가지고는 연대라고 할 수 없다.

만약 내 처지가 달라져 내가 가진 것이 사라진다면 그때에는 다른 누군가를 도울 수 없다는 것인가? 지역에서 빈곤 청소년을 지원하는 단체를 운영하는 한 지인은 청소년들이 변화되는 중요한 계기 중 하나로 누군가를 돕는 경험을 꼽았다. 형편이 여의치 않은 청소년들은 도움을 받기만 할 뿐 누군가를 도울 수는 없다고 생각하기 마련인데, 실은 아무것도 없는 자신이 무엇으로든 누군가를 도울 수 있는 존재라는 경험, 그런 존재가 되기 위해 마음을 낼 수 있다는 자각이야말로 스스로를 새롭게 볼 수 있는 중요한 계기라고 지적했다. 그분의 말에 백번 동의한다. 자신에 대한 자부심은 연대를 시작하게 하는 중요한 원천이기도 하지만 연대의 경험으로부터 얻을 수 있는 최고의 선물이기도 하다.

각자의 고유성이 타자와 연대할 수 있는 방식

독립된 개인의 자유로운 연대! 개인의 고유성이 고립되지 않고 전체의 '구성'으로 자리 잡기 위해 이보다 더 좋은 말을 생각해 내기는 어렵다. 용광로처럼 모든 것들을 다 융해시켜 버리는 사회도 있고, 모자이크처럼 각자의 조각들이 떨어져 있지만 결국 하나의 그림을 만들어 내는 사회도 있다. 또 퀼트처럼, 전혀 연관성 없는 조각들이 모여 그저 하나의 패턴을 완성하는 사회도 있을 것이다.

용광로, 모자이크, 퀼트 비유는 사회과학자들이 한 사회의 인종과 문화 유입에 따른 국가 시책을 놓고 논쟁할 때 많이 사용하는 말이다. 예를 들어, 한국은 다문화를 인정하지만 결국 결혼과 씨족이라는 용광로에 집어넣어 다른 문화를 흔적도 없이 토착 문화에 동화시키려는 사회다. 다르다는 것을 용인할 수 있는 한계가 무척이나 제한되어 있다. 그래서 개인의 개성, 고유한 문화나 언어는 손쉽게 녹아 없어지고 만다.

많은 사람들이 타인에게 자신의 선택을 결정해 주거나 심지어 이미 결정해 놓고도 그 결정의 잘잘못을 확인해 주길 바란다. 온라인 게시판에서 흔히 볼 수 있는 일인데, 옷을 살 때나 가방을 살 때 자신의 취향보다 타인의 시선에 어떻게 비치는가를 먼저 걱정하는 것이다.

각자의 고유성, 또는 개인의 독립성에 기초하지 않으면 진정한 연대는 일어나지 않는다. 그것은 조직에 대한 개인의 충성으로 변질될 가능성이 아주 높다. 그러므로 한국 사회는 각자가 원하는 삶을 타인의 눈치를 보지 않고 실행할 수 있는 용기가 필요하다.

필자는 심리학자로서 고민해 온 '마음의 연대'를 실현시키기 위해 몇 가지 사회적 노력을 해오고 있다. 그중에 하나가 팟캐스트 〈공공상담소〉(줄여서 '공담'이라고 한다)를 운영하는 것이다. 현실에서 상담소라는 곳은 여전히 문턱이 높다. 우리가 몸 어디가 아프다고 바로 병원에 찾아가지는 않는 것처럼 막상 마음에 고통이 생겼다고 바로 상담실로 직행하지는 않는다. 일단 상담센터를 찾는 것부터 시작해서, 상담을 예약하고 찾아가서 낯모르는 사람에게 자기의 속 깊은 얘기를 털어놓는다는 것은 꽤나 긴장되고 두려운 일이다. 게다가 비용도 만만치 않다. 일주일에 1회 이상 상담을 받으면 적어도 한 달에 십수만 원에서 몇 십만 원까지 지불해야 한다.

또 어떤 이들은 꼭 상담을 받을 것까지는 없지만 그래도 마음의 불편함이나 미열 같은 고통을 끌어안고 살아간다. 이들에게는 어떤 좋은 자극이나 성찰할 수 있는 몇 마디를 곱씹게 해서 자신의 고통을 다른 시각으로 바라보고, 자신의 삶에 대해 더 애착을 갖도록 해줄 수도 있다. 그래서 필자가 운영하는 팟캐스트는 불특정 다수인 '공공'에게 '상담'이라는 학문과 임상활동이 공공재로서 이용될 수 있도록 하자는 취지에서 시작되었다.

시즌 2를 거치면서 약 100회의 에피소드가 소개되었고, 그 과정에서 많은 분들의 피드백을 들었다. 삶이 달라졌다는 사람들, 연애와 이성을 바라보는 자기 관점에 변화가 생겼다는 사람들, 자녀와의 관계를 다르게 받아들이고 있다는 사람들이 있었다(한편 이 '공담'이 마음에 들지 않는다며 욕을 한 바가지 퍼부으며 더 이상 듣지 않겠다고 하는 분들도 있었다. 그대들의 생각을 존중할 테니 그대들도 내 생각을 존중해 주시길).

다수에게 필요한 양질의 공공재를 더 많이 마련할수록 연대가 일어날 수 있는 공간은 더 많이 만들 수 있다고 본다. 그런 면에서 필자의 정신적 · 물리적 · 사적 재산이 공공재로 사용되는 토대를 만든 것은 정신적 연대, 마음의 연대를 가능하게 하는 한 예라고 생각한다.

더 나아가 팟캐스트 공담에서 연 〈서른 살의 학교〉를 또 다른 예로 들고 싶다. 필자는 서른을 '고행의 시기'라고 명명한다. 20대의 불안과 방황 끝에 서른 무렵에 들어서면 삶의 근거를 하나 정도는 마련하게 된다. 그것이 직장이건 결혼이건 학업이건 또는 다른 어떤 형태의 활동이건 말이다. 그래서 30대부터는 그 분야의 기술과 기능과 지식을 습득하고 능숙하게 되어 자기만의 사회적 영역을 확보해 나가야 한다고 본다. 그래야 40대가 되면서 또 다른 양태의 삶을 향해, 이전의 삶 반대편의 영역으로 자신을 확장해 나갈 교두보를 마련하게 된다.

그래서 2014년에는 공담의 이름으로 〈서른 살의 학교〉를 개설했다. 필자는 그 친구들에게 '대비적 공동체'에 대한 생각을 이야기한 적이 있다. 이제 우리 자신을 지켜 줄 사람은 세상에 없다. 씨족 공동체도 사라지고 마을 공동체는 소멸되었고, 학연은 오직 사회적으로 성공했을 때만 반짝인다. 이제는 우리에게 어떤 일이 생기면 지켜 줄 '우리'가 필요하다. 함께 싸워 주거나 실질적인 도움을 주거나 정서적 지원을 제공할 그 '우리'가 다름 아닌 '대비적 공동체'이고 그것이 곧 마음의 연대체이다.

〈서른 살의 학교〉는 지금까지 두 번 개설되었는데, 그 중 첫 모임의 구성원들은 〈서른 살의 학교, 방과 후 모임〉을 만들어서 지금까지로 보아서는 성공적인 연대의 틀을 만들어 나가고 있다. 매달 만나서 스터디를 하고 토론도 하지만 재미있는 이벤트를 만들어 즐겁게 놀기도 한다. 우연이겠지만 구성원들 중 세 명은 임신 또는 출산을 했고, 그중 한 명은 멕시코 출신 남편과의 사이에서 쌍둥이를 임신해서 다산의 상징으로 추앙받고 있다. 또 어떤 친구는 조금은 큰 수술을 했고 어떤 친구는 시험에 낙방하기도 했다. 그럴 때마다 구성원들은 아낌없이 축하하고 기뻐했고, 또 함께 걱정하고 본인이 원하는 만큼 함께 아파하고 위로해 주었다.

모임의 구성원 중에서 '마을 만들기' 프로젝트를 진행하고 있는 NGO 단체에서 일하는 한 친구가 있는데, 이 친구의 말이 50명이 백만 원씩 출자해서 협동조합을 만들고 카페를 개업하면 망할 일이 없다고 한다. 모임이 잘 되면 부담 없는 액수의 돈을 조금씩 출자하고 더 많은 사람들을 초청해서 마을 카페를 만들고 거기에서 여러 가지 재미있는 일들을 꾸미고 치러 가면 좋겠다는 상상을 한다. 그곳은 재난이나 느닷없는 어려움이 닥쳐도 서로를 위해 각자가 할 수 있는 만큼의 지원과 도움으로 이겨 나갈 수 있는 '정서적 보험'으로 연결되어 있기 때문이다.

친척이나 확대 가족의 정서적 교류와 사랑을 받아 본 경험이 있고, 마을의 가치와 동네 어른들, 친구들, 동네 형들로부터 영향을 받으며 성장한 경험이 있는 4, 50대와 달리 지금의 30대는 편협한 세상에서 IMF와 외환 위기라는 핵폭탄 세례를 받으며 자란 세대다. 학부제가 도입된 대학에서 고립된 청춘을 보냈고, 비정규직이라는 새로운 노동시장에 내던져진 최초의 세대이기도 하다. 그래서 서른 살을 위한 정서적 공동체는 그들에게 꼭 필요한 연대의 경험이라는 생각이 들었다. 이 사회 곳곳에서 더 많은 정서적 공동체, 마음의 연대, 독립된 개인의 자유로운 연대체가 더 다양하게 만들어지면 좋겠다.

삶의 연속성의 회복

'삶의 연속성'이라는 말은 쉬운 단어들의 조합임에도 언뜻 이해하기 어려운 개념일 수 있다. 이 말을 가장 간단하게 설명하기 위해 한 가지 질문을 던진다.

"당신은 자녀에게 무엇을 물려줄 수 있습니까?"

물려줄 재산이 있을 수 있겠지만 뜻하지 않게 사라질 수도 있으니, 자녀가 평생 간직했으면 하는 당신의 유산은 무엇이 되었으면 좋겠는가?

과거에는 굳이 물려주려 노력하지 않았어도 세대 간에 전수되는 많은 가치와 덕목, 그리고 기술과 기능 등이 있었다. 직업에서부터 아버지의 것을 그대로 물려받는 경우가 대부분이었고, 태어난 마을에서 거의 벗어나 본 적 없이 죽음을 맞는 경우도 다반사였다. 직업은 다양하지 않았으며 대부분의 배움은 부모와 가족과 마을이 공유하는 가르침을 습득하면서 이루어졌다.

하지만 이제 우리는 더 이상 태어난 도시에서 늙어 간다는 보장도 없고, 부모의 직업은 자녀들이 물려받지 말아야 할 직업 1순위가 되었다. 세상은 눈 깜짝할 사이에 업그레이드되고 있으며, 디지털 기기들의 시효는 다음 버전이 나올 때까지로 암묵적으로 정해져 있다. 인류 역사에서 세대 간 단절이 이렇게 극명하게 드러나는 시대는 아마 지금이 최고가 아닐까 싶다. 물론 앞으로는 더 가속화되겠지만.

사실, 상황은 더 나쁘게 치닫고 있다. 예를 들면, 한국사회는 현재 유래 없는 세대 간 일자리 경쟁이 치열하다. 한때 20대의 전유물이었던 편의점 알바 자리에도 5, 60대가 앉아 있고, 퇴직자의 당연직이었던 아파트 경비원도 이제는 3, 40대를 채용한다. 고호봉자(고참) 한 명이 나가면 신입 세 명이 들어올 수 있다며 장년층을 밀어 낸다(그렇다고 이 땅의 자본가들이 신입사원을 세 명 더 뽑는 일을 할 리는 만무하다).

한국의 대기업들도 이제는 기업 상담사를 채용해서 사내 상담실을 적극적으로 운영하고 있다. 기업 상담사들이 하는 일은 물론 직원들의 심리 상담과 교육, 각종 심리 검사 해석 등이지만, 또 하나의 중요한 업무는 구조조정에 따른 희망 퇴직, 권고 퇴직이나 각종 사유에 따른 퇴직 예정자들이 있을 때 그들의 진로 적성 검사와 진로 상담 등이다(기업이 이런 서비스까지 제공하는 이유는 퇴직자들이 행여나 해고에 따른 소송을 제기한다든지, 또는 기업에 불리한 일들을 발생시킬 가능성을 사전에 차단하기 위한 측면도 있다). 즉, 5, 60대가 되어서도 그들은 다시 일을 하기 위한 준비를 하고, 그것은 곧 노동시장에서 치열한 경쟁으로 이어진다.

몇 년 전, 어느 대기업 노동조합에서 아버지가 조기 퇴직하면 그 자리에 아들을 '꽂아' 줄 것을 정책으로 내세웠다가 세간의 뭇매를 맞고 슬그머니 꼬리를 감춘 일도 있었다. 그들 입장에서는 억울할 수도 있다. 재벌이나 목사처럼 '가진 것'들은 다 세습하는데 용접공 자리 하나 아들에게 물려줄 수 없다는 것인가 하고 말이다. 또 아버지가 30년 운영한 식당을 아들이 물려받는다고 그것을 욕할 사람도 없지 않은가라고 말할 수도 있다.

하지만 공정한 경쟁과 검증을 거치지 않고 올바른 수련 과정도 없이 아버지의 '빽' 하나만으로 바로 그 자리를 차지하는 것은 당연히 문제가 된다. 그것은 유사 독점이 되기 때문이다. 북한 사회를 세습 독재국가라고 말하는 것은 공정한 과정 없이 오직 김일성의 자손이라는 이유만으로 최고 지도자 자리에 오르기 때문이 아닌가(그런 면에서 우리나라의 자본가들은 북한과 똑같은 짓을 하는 종북빨갱이의 원조일지도 모른다).

이렇게 물려줄 것도 없는 우리 사회의 부모들, 50대 퇴직자, 60대에도 팔팔한 '청춘'들을 위해 '인생 이모작', '50+' 등등의 이름을 붙인 프로젝트들이 종종 눈에 들어온다. 노동시장의 불균형이 세대 간의 갈등이라는 사회적 문제가 되고 있음은 여러 전문가들과 매체들의 지적이 아니라도 일상에서 체감할 수 있다.

이런 시대를 사는 부모 세대가 자기 일자리만을 걱정하고 자기 밥그릇만을 챙기려 든다면 세대 간 갈등은 더 극악스러워질 것이고, 세대 간 연속성은 자리 잡을 틈이 없다. 기성세대가 가진, 다음 세대와 공유할 만한 선한 가치와 덕목은 무엇이며, 다음 세대를 위해 기성세대의 기능과 기술, 지혜와 축적된 경험을 물려주는 기회를 만들어 줄 수는 없을까?

필자는 이런 고민 끝에 〈또 하나의 인생학교〉(줄여서 '또생학교')를 개설했다. 팟캐스트 공담을 통해 4, 50대의 참가자를 모집했는데, 모두들 그동안 사회 곳곳에서 열심히 살아온 지금 1, 20대의 부모 세대들이었다. 또생학교에서는 다양한 층위에서 자신을 점검하고, 현실의 자신이 가진 자원과 결핍에 대한 검토, 삶에 대한 전망을 계획하는 시간들을 가졌다. 우리는 여러 고민과 논의 끝에 '공정 노동'이라는 개념을 만들어 냈다. 공정 무역, 공정 여행처럼 공정한 노동이 가능한 방식을 고민하기 시작했다. 생산자에게 그 이득이 충분히 돌아가도록 하자는 공정 무역. 여행의 상업성을 걷어내어 여행지의 민낯을 보고 여행지 사람들의 삶을 존중하며 여행이 휴가나 레저가 아닌 나와 다른 삶을 이해하고 배우는 방식이 되어야 한다는 공정 여행.

그렇다면 공정 노동은 무엇인가? 그것은 최저임금이 과연 올바른 금액인가에 대한 고민에서 출발했다. 가까이 그 예를 찾아보니 필자의 딸이 일하면서 공부하고 있는 뉴질랜드의 최저임금은 시간당 한국 돈으로 약 1만 2천 원 정도였다. 일주일에 15시간 정도만 일을 해도 한 달이면 얼추 생활비가 마련된다. 우리나라 젊은이들의 최저임금은 여기에 반도 못 미친다.

이러한 공정 노동이 가능한 구조를 만들려면 어떻게 해야 할 것인가? 그래서 우리는 협동조합을 만들자고 합의했다. 협동조합 전문가를 모셔 와 강의를 듣고, 또 몇몇 구성원은 팀을 짜서 협동조합 강의를 들으며 공부하러 다녔다. 각자 오백만 원에서 천만 원 정도의 출자금을 내는 데 합의했고, 식당이나 카페를 개업하려는 논의를 진행 중이다. 여기에서 가장 중요한 부분은 노동을 제공하는 젊은이들에게 공정한 임금이 보장되어야 하는 것이고, 출자금에 대한 이익은 은행 이자를 상회하기만 하면 된다는 것이다. 어떤 구성원은 출자금만 안 까먹기만 하면 된다고도 하고, 어떤 구성원은 기부한다는 생각도 있다고 했다.

하지만 이 모델이 성공해서 확산되려면 출자자들이 은행 이자를 넘어 부동산 월세 수준 이상의 수익을 얻을 수 있어야 한다고 본다. 즉, 10명이 천만 원 씩 투자해서 1억으로 사업을 할 때, 제반 경비를 다 떼고 월 100만 원의 수익을 낼 수만 있으면 이 사업은 성공이라고 생각한다. 즉, 출자자 1인당 월 10만 원 수익은 연 12%의 수익에 해당된다. 그리고 공정한 노동임금이 보장받는 일자리를 계속 만들어 갈 수 있다면 우리는 세대 간 협업과 세대 간 연대를 실현시키는 첫 번째 민간 모델로 기억될 수 있을 것 같다.

또생학교 구성원들은 자발적으로 정기적인 모임을 만들어 자신들이 정말 원하는 삶이 어떤 모습인지 더 공부하고 고민하기로 마음을 모았다. 이 모임 역시 그들 삶에 하나의 대비적 공동체, 정서적 연대체가 될 수 있을 것이다. 그리고 더 나아가 세대 간 연대, 삶을 전수하는 어른들의 협업체가 되리라 생각한다.

'우리는 다음 세대에게 무엇을 물려줄 것인가'라는 자문에 필자는 이렇게 자답하려 한다. 나는 무엇보다 '세대 간 공생을 위해 기여하려는 노력', 그 자체를 다음 세대에 물려주고 싶다. 그것이 인류가 오랫동안 지속될 수 있었던 삶의 연속성을 세대 간 협력을 통해 계속 유지할 수 있는 오늘날의 방식 중 하나라고 생각한다. 여러분은 다음 세대에 무엇을 물려주고 싶은가?

에필로그

이 책은 하나의 깃발이다

필자가 이 책에서 주장하거나 논의하려 했던 것들 중에는, 어느 것 하나 손쉽게 실행할 수 있는 것들이 없다. 뜻이 맞는 친구나 동지를 만나는 것부터 쉽지 않고, 또한 깊은 자기 성찰은 고통의 경험일 수도 있으며, 구태여 힘겹게 노력해야만 만들 수 있는 어떤 연대와 연결의 느낌들은 모여서 차 한잔하는 식으로 쉽사리 얻을 수 있는 것은 아니다.

흡사 세상과 싸우듯 해야만 가능한 것은 아닐까 하는 생각이 들 정도로 필자의 제안과 논의들은 거대한 담론처럼 느껴질 수도 있다. 이런 것들은 사실 우리가 오랫동안 포기하고 살았던 것이기에 더 아득하게 여겨질 것이다.

하지만 이렇게 말하고 싶다. 비록 우리가 이것들을 당장, 혹은 죽을 때까지 하나도 실현시키지 못할지라도, 나는 이렇게 살고 싶었고 이렇게 사는 삶도 가능했다는 것을 마음에 품고 살기라도 하자는 것이다. 나는 이것을 하고 싶었고, 지금도 잊지 않고 있으며, 언젠가는 해내려고 했다는 것, 그것만으로도 우리의 삶은 자신을 위한 윤리를 잃지 않으려 노력한 것으로 확증될 것이다.

그래서 이것은 돈이나 권력이 아니어도, 힘든 자를 일으켜 세우고 내가 어디에 있는지 알게 해주며 누군가 저기 있다는 것으로 안도하게 하는 깃발이 되는 것이다. 또는 길 잃고 혼란스러울 때의 나침반이 될 수도 있다. 힘겨운 일상에 매몰되어 자신을 찾을 수 없을 때, 연대는 자기 안에 숨 쉬고 있는 선한 의지와 더 올바른 삶에 대한 의지를 가진 자신을 확인할 수 있도록 도울 것이다. 그런 의미에서 이 책이 하나의 깃발이 되기를 바란다.

또 하나 당부하고 싶은 말이 있다. 아마 어떤 독자들은 이 책에서 구체적인 연대의 방식들을 제안하지 않았다고 비판할지도 모르겠다. 그 비판은 일견 타당할 수도 있다. 하지만 필자는 심리학자이자 정신분석학자의 위치에서 마음의 연대를 이야기했다. 구체적이고 제도적이며 더욱 손에 잡히는 연대의 방식은, 예를 들면 사회학자나 정치인 또는 활동가들이 각자의 위치에서 제안한 것을 바탕으로 그 실현 방식을 고민하고 현실로 만들어 가야 할 일이라고 믿는다.

물론 이 말은 연대의 구체화라는 책임에서 필자가 벗어나 있다는 뜻은 아니다. 필자 역시 삶의 시간, 공간, 관계의 반경 안에서 연대의 실현을 위한 노력을 기울여 왔고 많지는 않지만 〈서른 살의 학교〉라든지 〈또 하나의 인생학교〉와 같은 경험을 본문에서 예시했다. 이것으로도 충분하지 않다면, 더 필요한 것이 무엇인지에 대한 비판이 곧 고민의 해결책이 될 수도 있을 것이다.